컴퓨팅 사고력을 키워 주는 언플러그드

놀이와 함께 온 코딩 2

컴퓨팅 사고력을 키워 주는 언플러그드
놀이와 함께 온 코딩 2

초판 1쇄 발행 2019년 11월 4일

지은이 꿀잼융합교육 김남희, 김윤숙, 류은숙, 정은영
펴낸이 장길수
펴낸곳 지식과감성#
출판등록 제2012-000081호

디자인 최지희
편집 이현, 최지희
교정 김혜련
마케팅 고은빛

주소 서울시 금천구 벚꽃로298 대륭포스트타워6차 1212호
전화 070-4651-3730~4
팩스 070-4325-7006
이메일 ksbookup@naver.com
홈페이지 www.knsbookup.com

ISBN 979-11-6275-868-7(43000)
값 16,000원

ⓒ 꿀잼융합교육 김남희, 김윤숙, 류은숙, 정은영 2019 Printed in Korea

잘못된 책은 구입하신 곳에서 바꾸어 드립니다.
이 책의 전부 또는 일부 내용을 재사용하려면 사전에 저작권자와 펴낸곳의 동의를 받아야 합니다.

이 도서의 국립중앙도서관 출판예정도서목록(CIP)은 서지정보유통지원시스템
홈페이지(http://seoji.nl.go.kr)와 국가자료공동목록시스템(http://www.nl.go.kr/kolisnet)에서
이용하실 수 있습니다. (CIP제어번호 : CIP2019042758)

* 일부 이미지는 픽사베이(Pixabay)와 프리큐레이션(Free Qration)의 출처임을 밝힙니다.
  출처: 픽사베이(https://pixabay.com)
  출처: 프리큐레이션(http://www.freeqration.com)

홈페이지 바로가기

컴퓨팅 사고력을 키워 주는 언플러그드

놀이와 함께 온 코딩 2

꿀잼융합교육

김남희 · 김윤숙 · 류은숙 · 정은영 지음

학생은 놀면서 배우고,
선생님은 원리를 쉽게 알려주고!
부모님도 우리와 함께 배워요!

환경문제를 알아가며, 놀면서 배우는 컴퓨터 코딩의 원리

'놀이와 함께 온 코딩' 시리즈를 통해
창의적이고 논리적으로 문제를 해결해 나갈 수 있습니다.

지식과감정

차례

| step 1 |

멸종 위기 동물 구하기 | 7

1. 멸종 위기 동물에 대해 알아보아요 | 9
2. 좌표란 무엇일까요? | 13
3. 구해줘 애니멀즈! | 16
4. 마무리 학습 | 18

| step 2 |

분리수거 잘하기 | 21

1. 재활용품 분류 과정 알아보아요 | 25
2. 자료구조란 무엇일까요? | 27
3. 분리수거 킹 | 29
4. 마무리 학습 | 31

| step 3 |

트리구조 알아보기 | 33

1. 트리구조를 알아보아요 | 35
2. 트리구조에 대해 더 알아보아요 | 37
3. 바이러스 트리 | 39
4. 마무리 학습 | 41

| step 4 |

최단 경로 찾기 | 43

1. 최단 경로 찾는 방법을 알아보아요 | 45
2. 그린 스마트카 | 51
3. 마무리 학습 | 54

정답 및 해설 | 56

더 알아보기 | 60

1. 좌표 | 60
2. 트리 | 61
3. 바이러스 트리 놀이방법2 | 63
4. 최단 경로 찾기 | 64

부록   부록 1, 부록 2, 부록 3, 부록 4

Step 1

멸종 위기 동물 구하기

1. 멸종 위기 동물에 대해 알아보아요
2. 좌표란 무엇일까요?
3. 구해줘 애니멀즈!
4. 마무리 학습

Step 1　1. 멸종 위기 동물에 대해 알아보아요

안녕!
내 이름은 꿀재미야.

내 이름은 창의야.
만나서 반가워!

꿀재미와 창의는 근처 숲속으로 자주 놀러가요.

그런데 늘 보이던 친구들이 갑자기 안 보이네요?

이사를 간 건 아닐 텐데…

과연 다들 어디로 갔을까요?

꿀재미와 창의는 궁금해지기 시작했어요.

동물 친구들이 어디로 간 건지… 사라진 건지…

이 숲속의 친구들만 사라진 건지, 다른 지역의 동물 친구들도 사라진 건지…

지금은 볼 수 있지만
앞으로 보기 어려워지는 동물을
'멸종 위기 동물'이라고 한대.
어떤 동물인지 알아볼까?

그래 좋아.
나도 궁금해…!

 멸종 위기 동물에 대해 알아보아요

우리 동물들이 위험해요!

우리가 살고 있는 지구는 지속되는 온난화로 인한 기후 변화로 생태계의 환경이 바뀌고 있어요. 이로 인해 살 곳을 잃게 되어 사라져 가는 동물들도 많아지게 되었는데요. 지금처럼 지구온난화가 계속된다면 지구의 어떤 동물들이 사라지게 될지 알아보도록 해요.

Step 1 1. 멸종 위기 동물에 대해 알아보아요

🌱 멸종 위기 동물

지구온난화로 인해 모래가 따뜻하고 건조해져
수컷 바다거북이 태어나기 어렵대요.

높아진 수온,
빙하가 녹고 있어요.

바다거북

북극곰

그린란드 순록

산호초

높아진 해수면으로
육지가 점점 사라져요.

대기 중의 이산화탄소가 바다로 녹아들면서 산성도가
높아져 산호초가 점점 하얗게 변해간대요.

Step 1 2. 좌표란 무엇일까요?

이 친구들이 살고 있는 위치를 표시해 보세요.

 ## 좌표란 무엇일까요?

꿀재미와 창의가 숲속으로 소풍을 가서 숨바꼭질 놀이를 하고 있어요.
한참 재미있게 놀고 있는데 선생님께서 꿀재미와 창의를 부릅니다.
창의의 위치를 아는 꿀재미는 배가 아파 창의를 바로 데리고 갈 수 없네요.

선생님께 창의가 있는 곳의 위치를
어떻게 하면 정확하게 설명할 수 있을까요?

'좌표'라는 것을 이해하면 창의의 위치를 쉽게 설명할 수 있대요.
이 숲속은 특이하게 각 지점마다 좌표를 설명할 수 있는 푯말이 있거든요.

Step 1　2. 좌표란 무엇일까요?

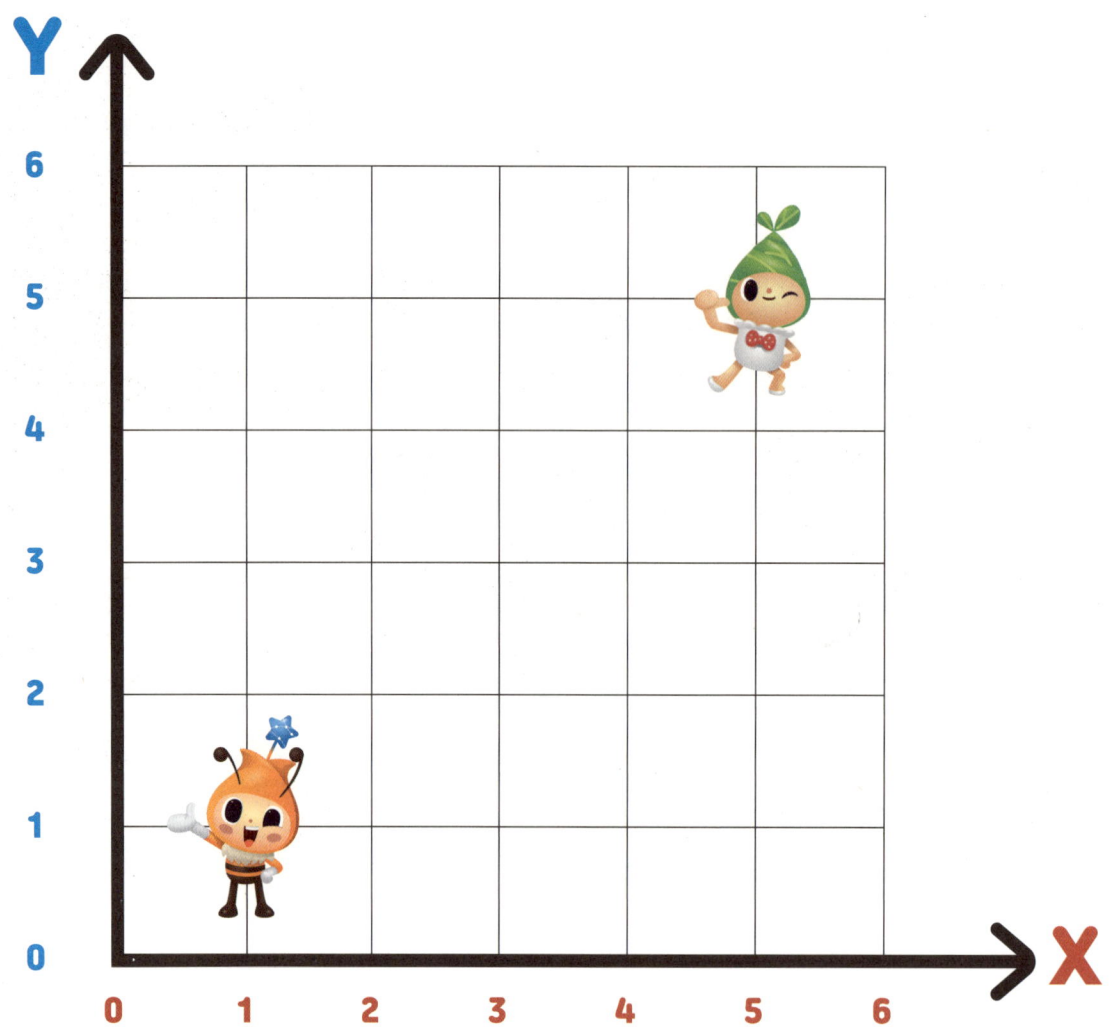

가로는 X축, 세로는 Y축이라고 해요.

숲속을 위의 그림과 같은 좌표로 표현했을 때, 창의의 위치는 어떻게 표현할 수 있을까요?

창의는 X축 5, Y축 5의 위치에 있어요.

그래서 꿀재미는 선생님께 "X:5, Y:5 위치로 가면 창의가 있어요"라고 말씀드릴 수 있어요.

그럼, 여기서 꿀재미의 위치는 어디일지 한번 생각해 보세요.

 알리미

좌표는 평면이나 공간 안에서 점의 위치를 나타내는 수나 수의 짝을 이르는 말이에요.

(자료 : 천재학습백과 초등 사회 용어사전)

 알리미

우리가 많이 사용하는 블록코딩 언어 엔트리의 좌표는 어떻게 되어 있는지 알아보아요.

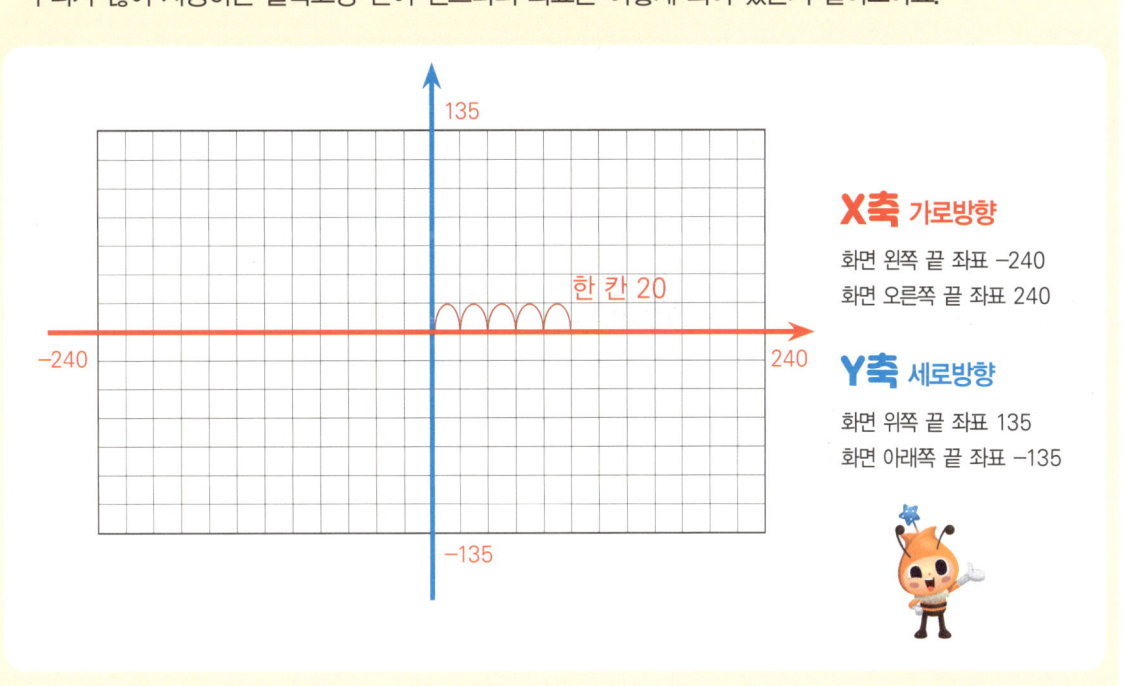

X축 가로방향

화면 왼쪽 끝 좌표 −240
화면 오른쪽 끝 좌표 240

Y축 세로방향

화면 위쪽 끝 좌표 135
화면 아래쪽 끝 좌표 −135

Step 1 3. 구해줘 애니멀즈!

3. 구해줘 애니멀즈!

ON 코딩놀이 좌표를 이해하면 멸종 위기 동물을 빨리 구할 수 있어요.

[놀이준비]

- 6 × 5 좌표판 1개
- 멸종위기동물 13종류카드 중 10종류 카드 30장(같은 동물 3장씩)
  - 동물카드 그림에 동물 이름과 점수가 표시되어 있음
  - 기본 점수 : 5점, ○ 북극곰 : 10점, ○ 수달, 늑대 : 20점
  - 호랑이 : 30점, ○ 내가 찾은 멸종 동식물: 30점
    - 내가 생각하는 멸종 위기 동물이나 식물 그리기
- 미션카드 : 꽝, 동물카드 바꾸기, 미션카드 한 번 더, 동물카드 1개 보기, 동물카드 2개 보기 3장씩
  - 꽝 – 순서가 상대편으로 넘어감
  - 동물카드 바꾸기 – 나의 동물카드와 상대방 동물카드를 바꿀 수 있음. 만약, 상대방 동물카드가 없다면 꽝 카드와 동일
  - 미션카드 한 번 더 – 미션카드를 한 번 더 열어볼 수 있음
  - 동물카드 1개 보기 – 동물카드를 1장 열어볼 수 있음
  - 동물카드 2개 보기 – 동물카드를 2장 열어볼 수 있음
- 좌표카드 : 6×5 좌표 표시카드 30장(예 : X:0, Y:0)
- 추가 좌표카드 : 15장

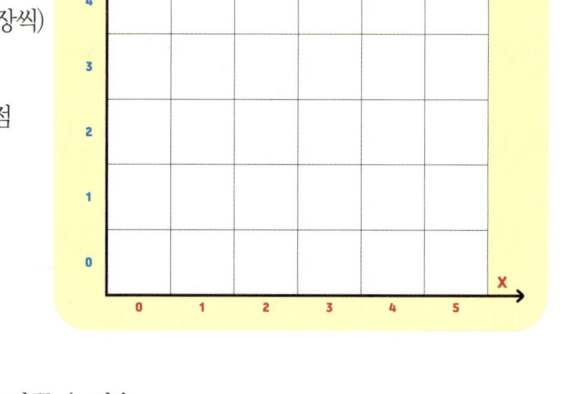

[놀이방법]

부록 1의 카드를 준비해요.

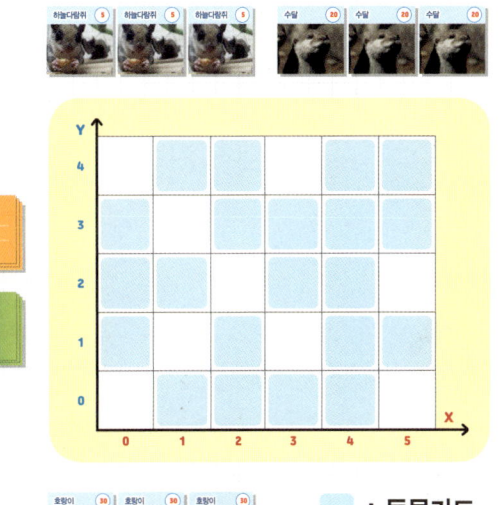

① 동물카드 앞면이 보이도록 좌표판 위에 놓아요.
　이때, 동물카드는 같은 종류 3장씩만 놓을 수 있어요.

② 10초 동안 동물카드의 위치를 기억해요.

③ 동물카드의 뒷면이 보이도록 모두 뒤집어요.

④ 좌표카드와 미션카드는 각각 섞은 다음,
　좌표판 옆에 뒤집어 놓아요.

⑤ 순서를 정하여 자기 차례가 되면, 좌표카드를 한 장 뒤집어요.

⑥ 그 좌표에 해당하는 좌표판 위치의 동물카드를 뒤집어요.

⑦ ⑥에서 뒤집은 동물카드와 같은 동물카드를 찾기 위해 다른 동물카드 2장을 더 뒤집어요.

⑧ 같은 동물을 찾으면 그 동물 카드 3장을 모두 가져올 수 있어요.

⑨ 같은 동물 카드가 아니면, 다시 동물카드를 원래대로 뒤집어 놓아요.

⑩ 사용한 좌표카드는 쌓여진 좌표카드 맨 뒤로 넣어 놓아요.

⑪ ⑤에서 현재 좌표카드의 위치가 비어 있다면, 미션카드를 한 장 뒤집을 수 있어요.

⑫ 좌표판에 동물카드가 없어질 때까지 게임은 계속 진행하면 돼요.

⑬ 모아진 동물카드의 점수를 계산해서 점수가 높은 팀이 승리해요.

: 동물카드
: 좌표카드
: 미션카드

Step 1 4. 마무리 학습

마무리 학습

좌표평면 위에 맛있는 음식들이 놓여 있어요.

음식들의 위치를 좌표를 사용해서 나타내 보아요.

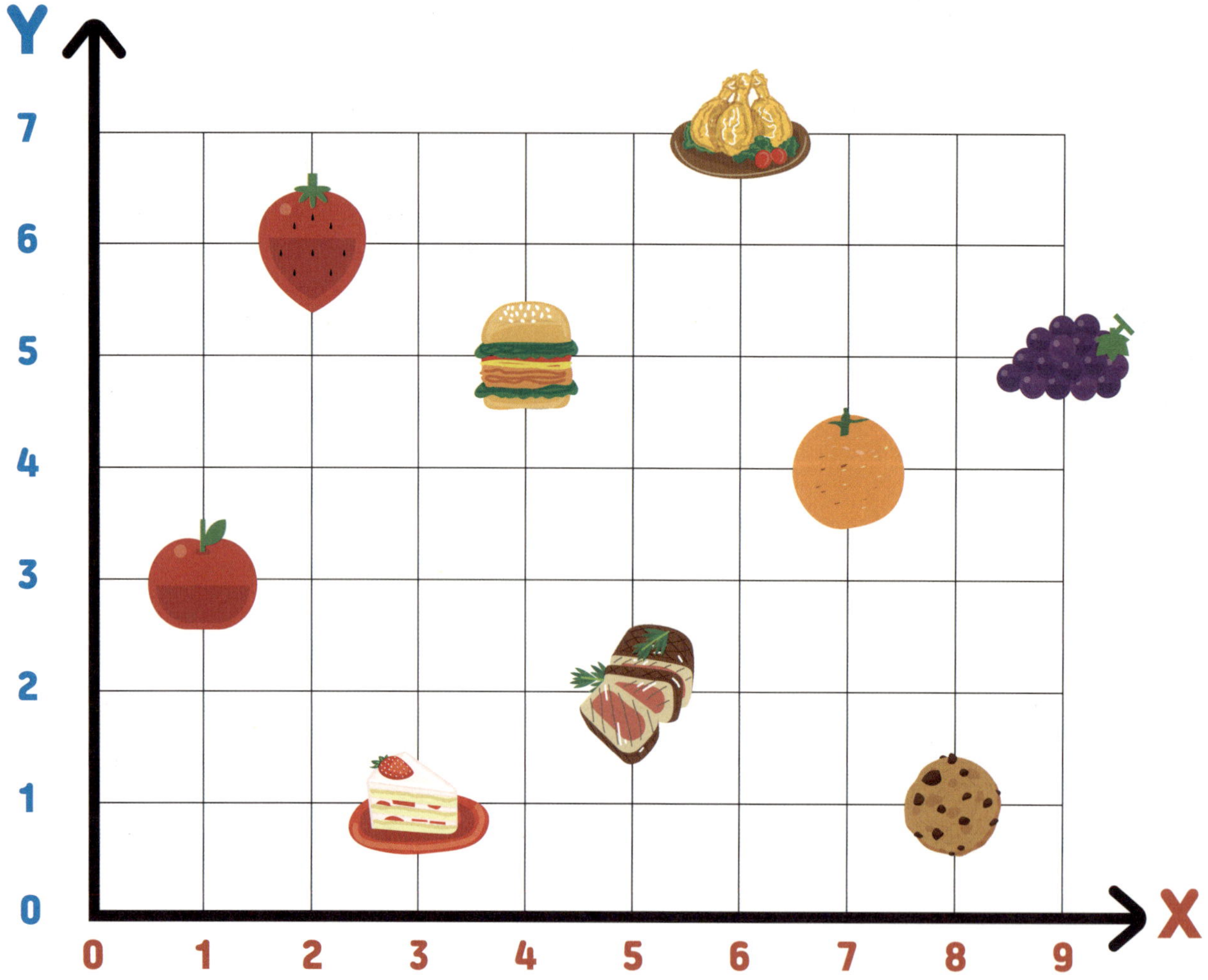

- ① 사과는 X : _____ , Y : _____ 에 있어요.

- ② 딸기는 X : _____ , Y : _____ 에 있어요.

- ③ 케이크는 X : _____ , Y : _____ 에 있어요.

- ④ 햄버거는 X : _____ , Y : _____ 에 있어요.

- ⑤ 치킨은 X : _____ , Y : _____ 에 있어요.

- ⑥ (X : 5, Y : 2)의 위치에 있는 음식은 무엇인가요? _____

- ⑦ (X : 7, Y : 4)의 위치에 있는 음식은 무엇인가요? _____

- ⑧ (X : 8, Y : 1)의 위치에 있는 음식은 무엇인가요? _____

- ⑨ (X : 9, Y : 5)의 위치에 있는 음식은 무엇인가요? _____

Step 2

분리수거 잘하기

1. 재활용품 분류 과정 알아보아요
2. 자료구조란 무엇일까요?
3. 분리수거 킹
4. 마무리 학습

Step 2　1. 재활용품 분류 과정 알아보아요

꿀재미가 큰 바구니를 들고 어디론가 가고 있어요.
창의는 궁금해서 꿀재미를 불러요.

분리수거장에 도착한 창의는 꿀재미 바구니 안에
분리수거가 안 되는 물품이 많은 것을 보고 깜짝 놀라요.

꿀재미는 바구니에 다시 분리수거 물품을 챙겨요.

쓰레기나 공기 오염 등으로 지구는 몸살을 앓고 있어요.
폐기물은 늘어나고 있지만 그것을 처리할 방법은 못 찾고 있죠.
점점 늘어나기만 하는 폐기물을
최대한 줄일 수 있는 방법은 무엇일까요?
바로 자원을 재활용하는 거예요.

환경부의 조사에 따르면 우리나라 국민 한 사람이 평생 살면서 배출하는 생활 쓰레기는 무려 55톤에 이른다고 해요.
편리함만을 추구하여 일회용품이 점점 다양해지고 늘어나고 있어요. 일회용품 대부분은 처리가 어려운 폐기물이라 문제는 더욱 심각해요.
그러나 유리병의 재사용과 재활용, 알루미늄 캔과 플라스틱병의 재활용 등은 폐기물 재활용의 좋은 예예요.

폐기물로 인한 지구 오염을 방지하는 가장 첫 번째 방법은 절약이지요.
또 다른 방법은 철저한 분리수거로
재사용, 재활용 자원을 늘려가는 거겠죠?

1. 재활용품 분류 과정 알아보아요

Step 2 1. 재활용품 분류 과정 알아보아요

이제 재활용 되는 것과 재활용이 안 되는 것을 알아보아요.

01 플라스틱류

02 비닐류

03 스티로폼

04 유리병류

05 종이류

한눈에 보는 분리배출
365일 지구를 지키는 작은 실천

올바른 분리배출을 위한 기본상식 4가지 동영상(https://youtu.be/2L3CY3OPmvQ)
— 출처: 환경부

 # 재활용품 분류 과정 알아보아요

바구니에 담긴 재활용품을 분리수거함에 어떻게 분리하는지 살펴보아요.

Step 2　2. 자료구조란 무엇일까요?

모아온 재활용품들은 분리수거 처리장에서 어떤 순서로 처리되는지 살펴보아요.

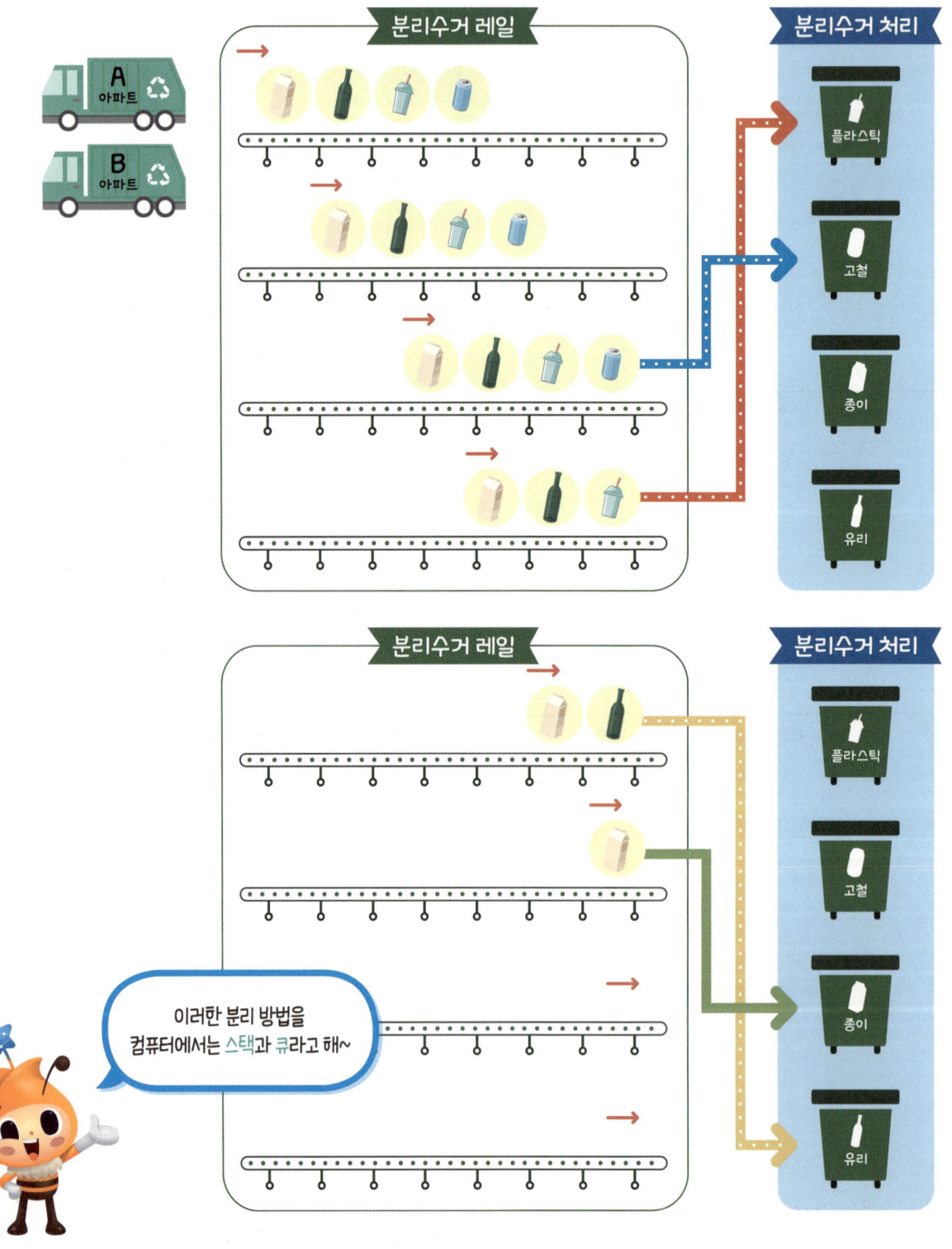

이러한 분리 방법을 컴퓨터에서는 스택과 큐라고 해~

 ## 자료구조란 무엇일까요?

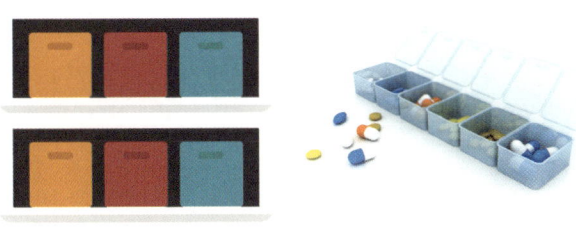  

| 장난감 정리함 | 약 보관함 | 양말 정리함 | 종이컵 정리함 |

물건을 보관할 때 정리함이나 보관함이 있으면 물건을 쉽고 빠르게 찾을 수 있어요.
또 여유 공간이 있는지 한눈에 알아볼 수 있어 정리도 빨라지게 돼요.
이렇게 정리하는 공간을 컴퓨터에서는 기억장치라고 불러요.
컴퓨터는 기억장치에 자료를 보관할 때 어떤 방법으로 저장할지 선택하게 되요.
이게 바로 자료구조예요.
그리고 이런 자료구조 중에는 스택과 큐가 있어요.

스택(Stack)

스택은 영어로 '쌓다'란 뜻이에요.

아래 그림들의 공통점을 찾아볼까요?

한쪽은 막혀 있고 다른 한쪽으로 물건을 넣거나 꺼낼 수 있어요.
이렇게 스택은 마지막에 넣은 물건을 제일 먼저 꺼낼 수 있죠.

 **Step 2**   3. 분리수거 킹

💡 알리미

한쪽에서만 추가와 삭제가 일어나요.

컴퓨터에서는 이런 구조를 Last In First Out(LIFO) 또는 후입선출이라고 해요.

컴퓨터에서 스택의 활용 예
- 웹 브라우저에서 '이전 페이지로 돌아가기'
- 웹 브라우저 검색기록
- 유튜브 동영상 '최근 추가 순서' 정렬

🌾 큐(Queue)

큐는 영어로 '줄짓다'라는 뜻이에요.

아래 그림의 공통점을 찾아볼까요?

이렇게 큐는 먼저 줄을 선 사람이 먼저 일을 볼 수 있어요.

 알리미

한쪽에서는 추가, 다른 쪽에서는 삭제가 일어나요.

컴퓨터에서는 이런 구조를 First In First Out(FIFO) 또는 선입선출이라고 해요.

컴퓨터에서 큐의 활용 예
- 컴퓨터 자판으로 글자를 입력하면 입력한 순서대로 화면에 출력
- 여러 사람이 프린터로 출력할 때 출력버튼을 누른 순서대로 출력됨
- 병원 진료 순서

* 쌓고 줄 세우는 데이터, 스택과 큐 동영상
https://www.ebssw.kr/edc/cultursens/cultursensMvpView.do?alctcrSn=7&stepSn=7&lctreSn=113&cntntsSn=113
                       - 출처 : 이숲(EBS 소프트웨어)

 ## 3 분리수거 킹

ON 코딩 놀이

지구가 쓰레기로 병들어가고 있어요.
분리수거를 잘 해서 지구를 지켜줄까요?

오늘부터 내가 분리수거 킹!

[놀이준비]

- 스택/큐 주사위, 재활용 종류 주사위
- 종이카드 5장, 빈병카드 5장, 고철카드 5장, 플라스틱카드 5장,
  음식물카드 5장, 일반쓰레기카드 5장 : 총 30장
    ○ 카드의 앞면은 재활용되는 그림 또는 일반쓰레기 그림이 그려져 있음
    ○ 카드의 뒷면은 점수, 꿀재미, 폭탄 또는 비어 있음
    – 점수 : 1점~5점
    – 꿀재미 : 3점
    – 폭탄 : −5점
    – 비어 있는 카드 : 원하는 미션 쓰기
    예) 점수가 가장 많은 사람에게 −10점, 점수가 제일 적은 사람에게 +10점

Step 2 4. 마무리 학습

[놀이방법]

부록 2의 카드를 준비해요.

① 모둠원의 카드를 다 섞어서 앞면이 보이게 펼쳐놓아요.
② 모둠원이 돌아가며 재활용카드의 이름을 외쳐요.
③ 외친 재활용카드를 가져와서 종류별로 정리해요.
④ 모둠원이 돌아가며 스택/큐 주사위와 재활용종류 주사위를 던져요.
⑤ 주사위에 나온 대로 카드를 빼서 한쪽에 모아놓아요.
　예) 스택2 + 플라스틱 - 정리된 플라스틱카드의 윗부분부터 2장씩 빼요.
　　　큐1 + 종이 - 정리된 종이카드의 아랫부분부터 1장씩 빼요.
　　　만약, 분리방법이 틀렸다면 점수를 1점씩 잃어요.
⑥ 카드가 없는 사람이 생길 때까지 놀이를 진행해요.
⑦ 놀이가 끝나면 카드 뒷면의 점수를 확인 후 점수를 합산해요.
　　단, 뒷면에 꿀재미가 있다면 합산한 점수에 꿀재미 점수(3점)만큼 더해요.
　　뒷면에 폭탄이 있다면 합산한 점수에 폭탄 점수(-5점)만큼 더해요.
　　뒷면에 미션이 있다면 미션을 수행해요.
⑧ 점수가 가장 많은 사람이 분리수거 킹이 돼요.

마무리 학습

01 □ 안에 알맞은 말을 다음에서 골라 적어보세요.

> 스택, 큐, 배열, 자료구조

- [ ] : 은행에서 번호표를 먼저 뽑은 사람이 먼저 업무를 본다.
- [ ] : 컴퓨터에 자료를 보관할 때 효율적으로 사용하기 위한 방법
- [ ] : 한쪽에서만 추가, 삭제가 일어난다.

02 내 주변에서 스택과 큐의 사례를 찾아 적어보세요.

생활 속 스택	생활 속 큐
· 종이컵 쌓기	· 병원 진료 순서
·	·
·	·
·	·
·	·

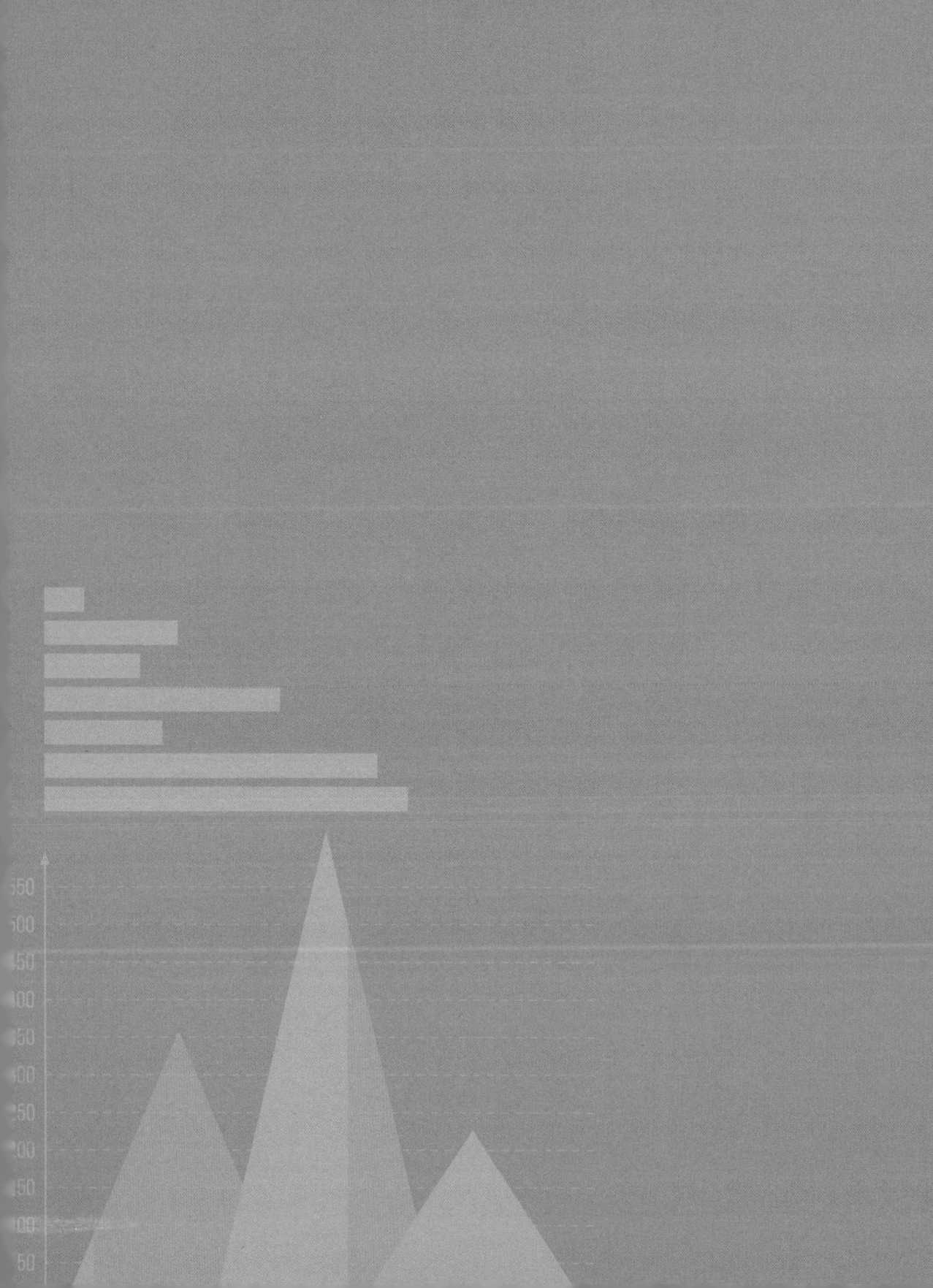

Step 3

트리구조 알아보기

1. 트리구조를 알아보아요
2. 트리구조에 대해 더 알아보아요
3. 바이러스 트리
4. 마무리 학습

Step 3 1. 트리구조를 알아보아요

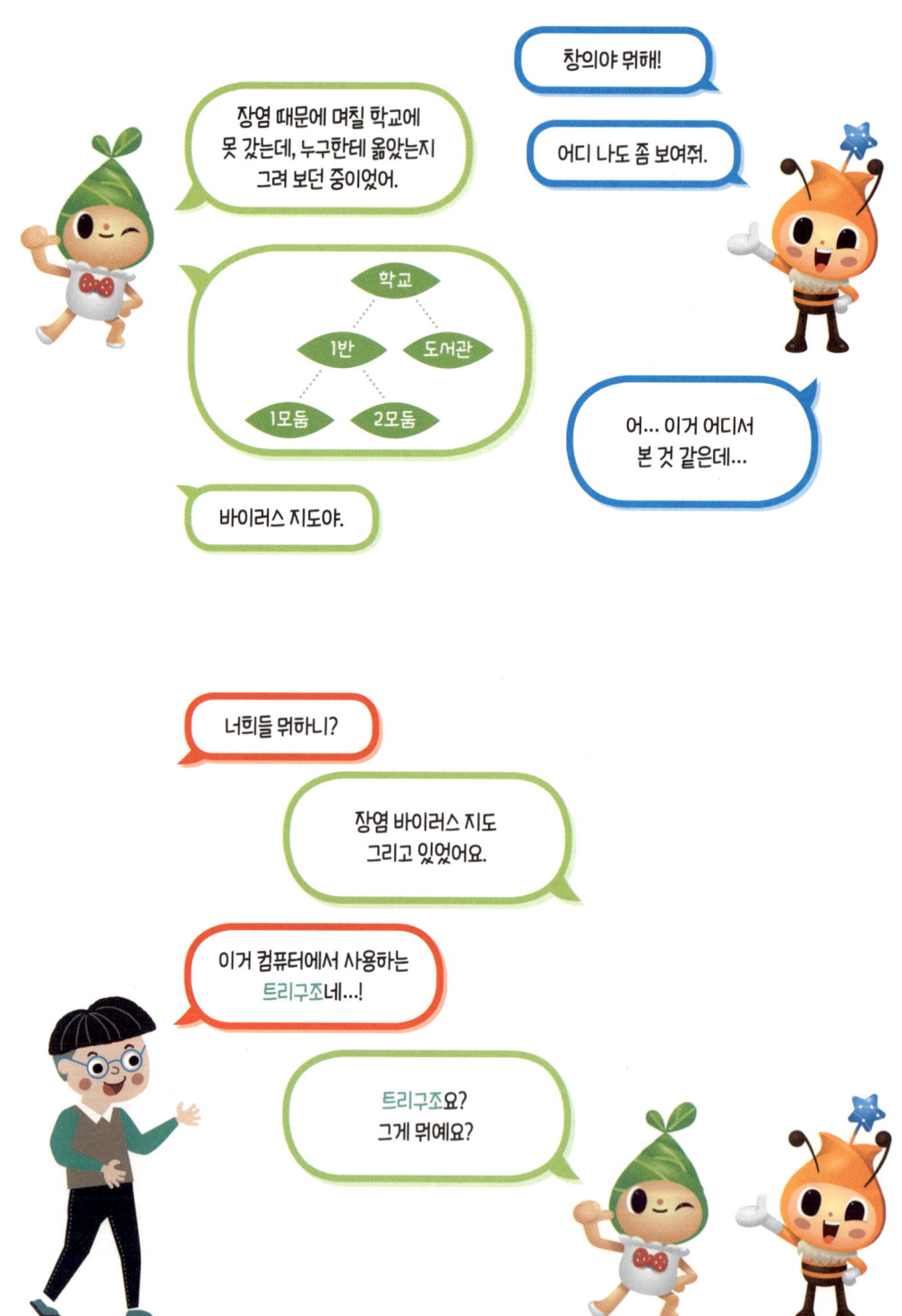

 트리구조를 알아보아요

트리(Tree)는 영어로 나무를 뜻해요.

나무에는 뿌리가 있고 위로 올라갈수록 수많은 잎사귀와 열매로 나뉘게 돼요.

**이처럼 자료가 가지처럼 나뉘어서
계속 뻗어 나가는 구조를 트리구조라고 해요.
그렇다면 트리구조를 사용하는 이유는 무엇일까요?**

트리구조로 저장하면 자료를 더 효율적으로 관리할 수 있어요.

학교, 회사, 행정구역의 계층적인 데이터들을 트리구조로 표현하면 자료를 잘 찾을 수 있겠죠?

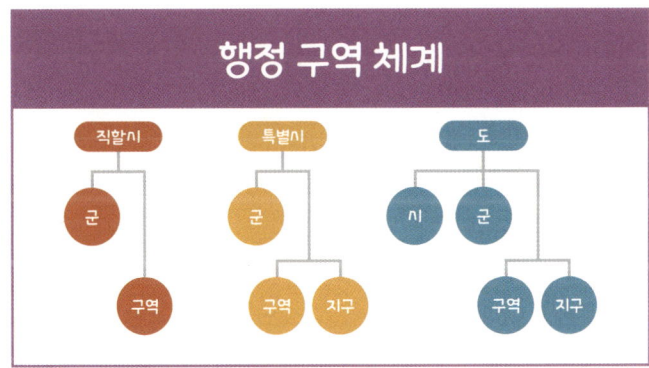

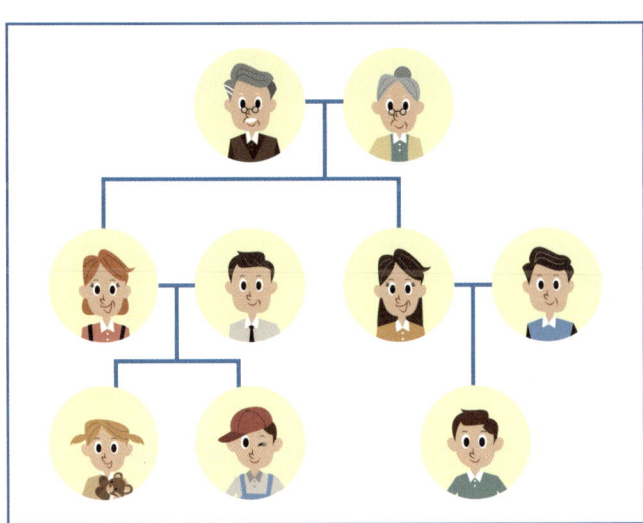

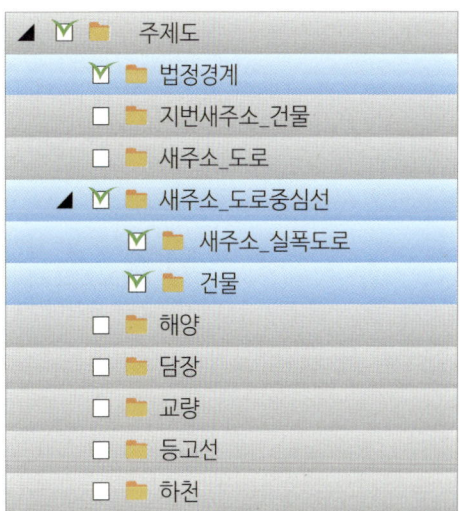

Step 3 | 2. 트리구조에 대해 더 알아보아요

1. 트리구조로 만들 수 있는 것이 무엇이 있을까요?

- 예) 가계도
-
-

2. 1의 아이템 중 하나를 선정하여 트리구조를 그려 보세요.

 ## 트리구조에 대해 더 알아보아요

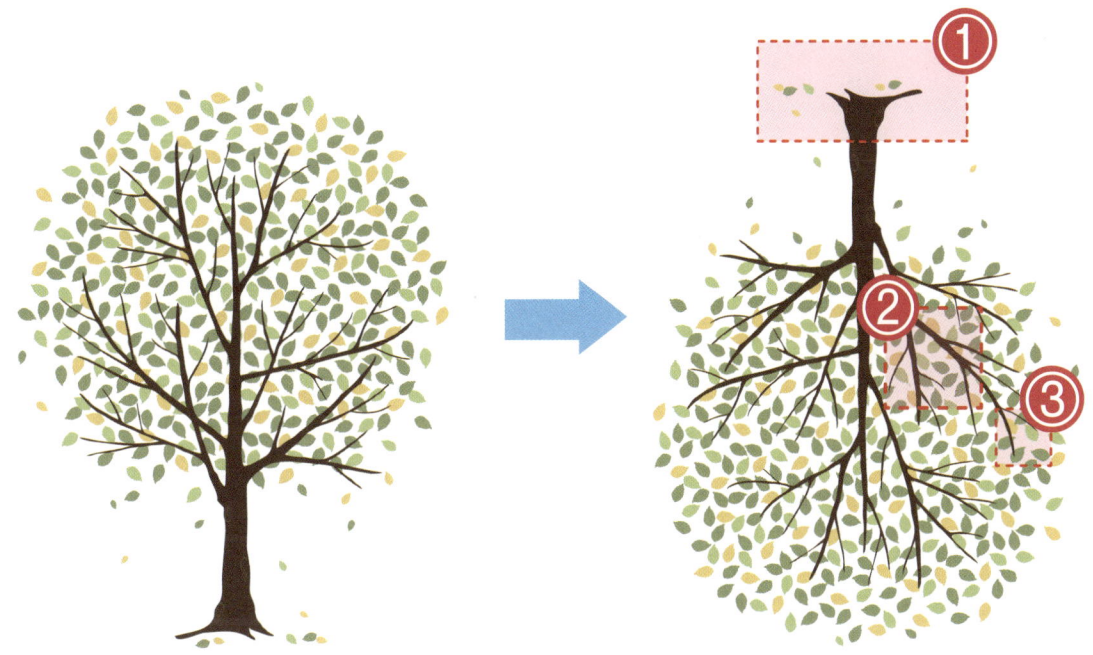

1. ①, ②, ③에 해당하는 정보를
컴퓨터 용어로 노드라고 해요.

2. ① 노드는 나무뿌리에 해당하는 부분으로 루트(Root) 노드라 하며,
①, ②, ③ 간의 사이를 부모, 자식 노드 사이라고 해요.

Step 3　3. 바이러스 트리

트리구조 형태로 고치면 아래 그림처럼 간단하게 바꿀 수 있어요.

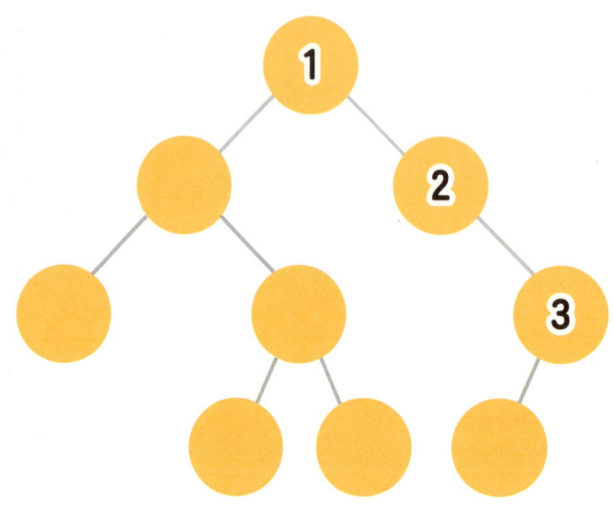

자식노드의 수는 정해져 있지 않아요.
한 개, 두 개 또는 여러 개가 될 수도 있어요.
이 중에서 자식노드 수가 최대 두 개인 트리구조를 이진트리라고 해요.

이진트리 형태를 그림으로 표현하면 아래 그림처럼 될 수 있어요.

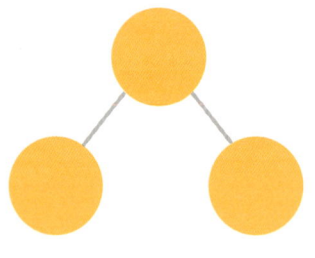　　

자식노드가 2개인 경우　　자식노드가 1개인 경우　　자식노드가 없는 경우

바이러스 트리

ON 코딩 놀이   바이러스 관계도 찾기 놀이

[놀이준비]

- 바이러스 카드 15장
- A4 용지 2장 – 모둠별 바이러스 트리 적을 종이

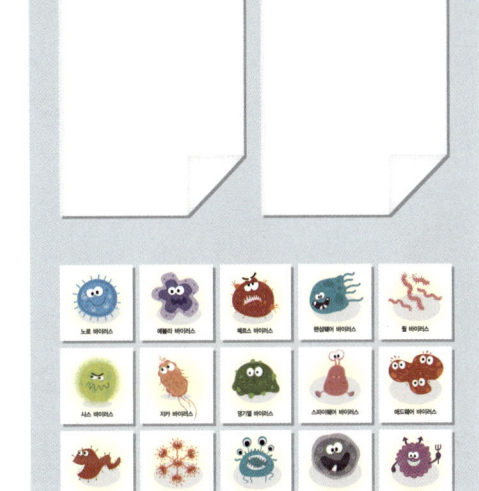

[놀이 방법]

참여인원을 2개의 모둠으로 만들어요.
부록 3의 카드는 모둠 인원수만큼 준비해요.

① 각 모둠장을 선정하고, 모둠장은 A4종이 2장을 준비해요.
② 모둠장은 종이 한 장에 트리 모양을 그려요.
   트리의 모양은 자유롭게 만들 수 있어요.
   노드의 개수는 자신을 포함해 카드 수만큼 사용해요.
   빈 카드일 경우, 넣고 싶은 바이러스를 적어요.
③ 모둠원들은 바이러스 카드를 한 장씩 받아요.
④ 모둠장의 바이러스는 트리의 맨 위에 놓아요.
   모둠원들은 트리의 원하는 노드 위에 자신의 바이러스를 배치해요.
⑤ 모둠원은 자신의 바이러스와 바로 위에 있는 바이러스를 적어두거나 외워야 해요.
   예를 들면, 로타 바이러스 위에는 지카 바이러스가 있어요.
⑥ 게임이 시작되면 아이들은 돌아다니면서 상대방 모둠 중 한 모둠원에게 질문을 해요.
   예를 들면, "누구한테 옮았니?"라고 물어보는 거예요.

Step 3　4. 마무리 학습

⑦ 그러면 질문을 받은 모둠원은 "게임을 이기면 알려줄게!"라고 말하고,
묵찌빠, 참참참 등 미니게임 중에 하나를 해요.
미니게임은 친구들이 자유롭게 생각하여 선택할 수 있어요.
⑧ 미니게임을 하여 진 모둠원은 이긴 모둠원에게
"나는 ㅇㅇ바이러스인데, ㅇㅇ한테 옮았어"라고 말하고 헤어져요.
똑같은 모둠원과는 연속해서 미니 게임을 할 수는 없어요.
⑨ 게임에서 이긴 모둠원은 얻은 정보를 모둠장에게 알려줘요.
⑩ 모둠장은 각각의 정보를 취합해서 상대 모둠의 바이러스 트리를 완성해요.
⑪ 상대 모둠의 바이러스 트리를 더 빨리 정확하게 그린 모둠이 승리해요.

알리미

- 생물학적 바이러스 : 동물, 식물, 세균 등 살아 있는 세포에 기생하고,
　　　　　　　　　세포 안에서만 증식이 가능한 미생물을 말해요.
　예) 노로, 에볼라, 메르스, 사스, 지카, 댕기열, 로타, 사마귀

- 컴퓨터 바이러스 : 프로그램에 유해한 파일이 침입해서 실행을 방해하거나 고장 나는 것을 말해요.
　　　　　　　　알아채기 쉽지 않고, 빠르게 병을 옮기는 것이 생물의 바이러스와 비슷해서 같은
　　　　　　　　말로 불리고 있어요.
　예) 랜섬웨어 바이러스, 워터홀 바이러스, 웜 바이러스, 트로이목마, 스파이웨어, 애드웨어, 파일리스

마무리 학습

꿀재미는 다음과 같은 방법으로 스타일을 꾸밀 수 있어요.
아래 그림을 참고하세요.

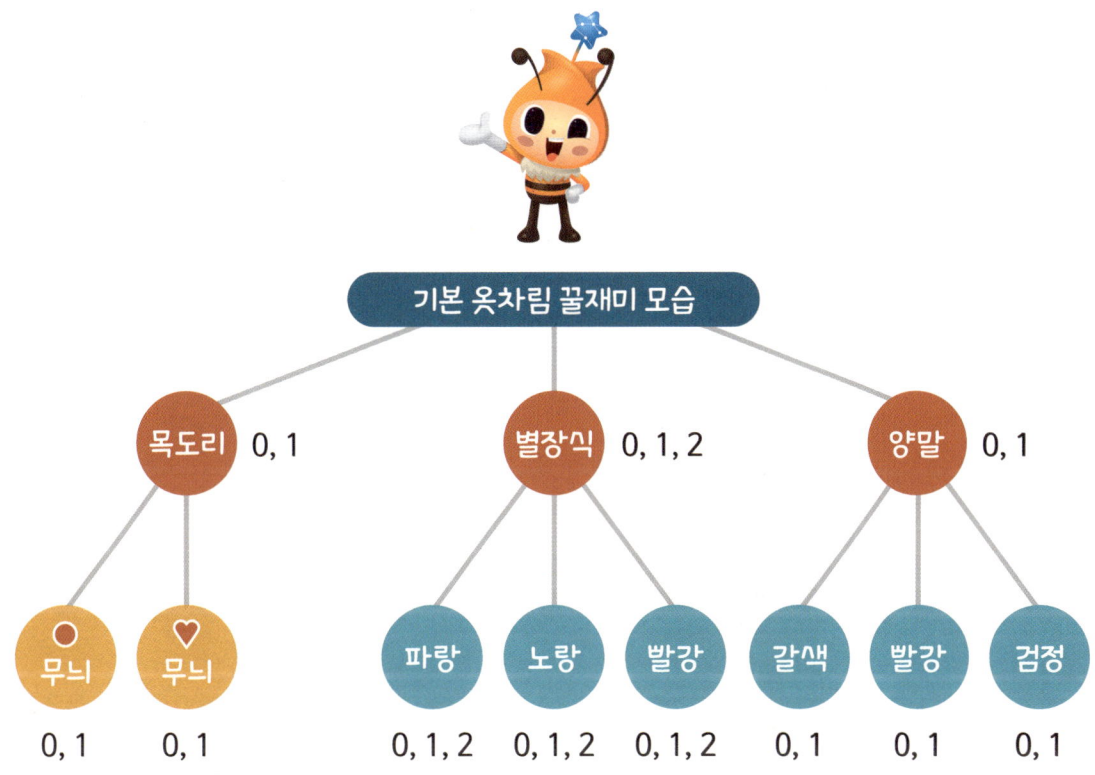

그림 속에는 다양하게 스타일을 선택할 수 있는 방법이 있지요?
그림 속의 숫자는 꿀재미가 사용할 소품의 여부를 나타내요.

예를 들어,
별장식 0, 1, 2는 꿀재미가 별장식을 하지 않으면 0,
별장식 1개를 하면 1, 2개를 하면 2를 의미해요.

Step 3 4. 마무리 학습

다음 보기 중 꿀재미가 할 수 없는 스타일을 고르세요.

A. 하트무늬 목도리를 하고, 빨강 별장식 2개를 달고, 빨강 양말을 신은 꿀재미

B. 동그라미 무늬와 하트무늬가 있는 목도리를 하고, 파랑 별장식 1개와 양말을 신지 않은 꿀재미

C. 동그라미 무늬만 있는 목도리와 파랑, 노랑, 빨강 별장식을 한 꿀재미

D. 무늬가 없는 목도리를 하고, 빨강 노랑 별장식 2개를 달고, 검정 양말을 신은 꿀재미

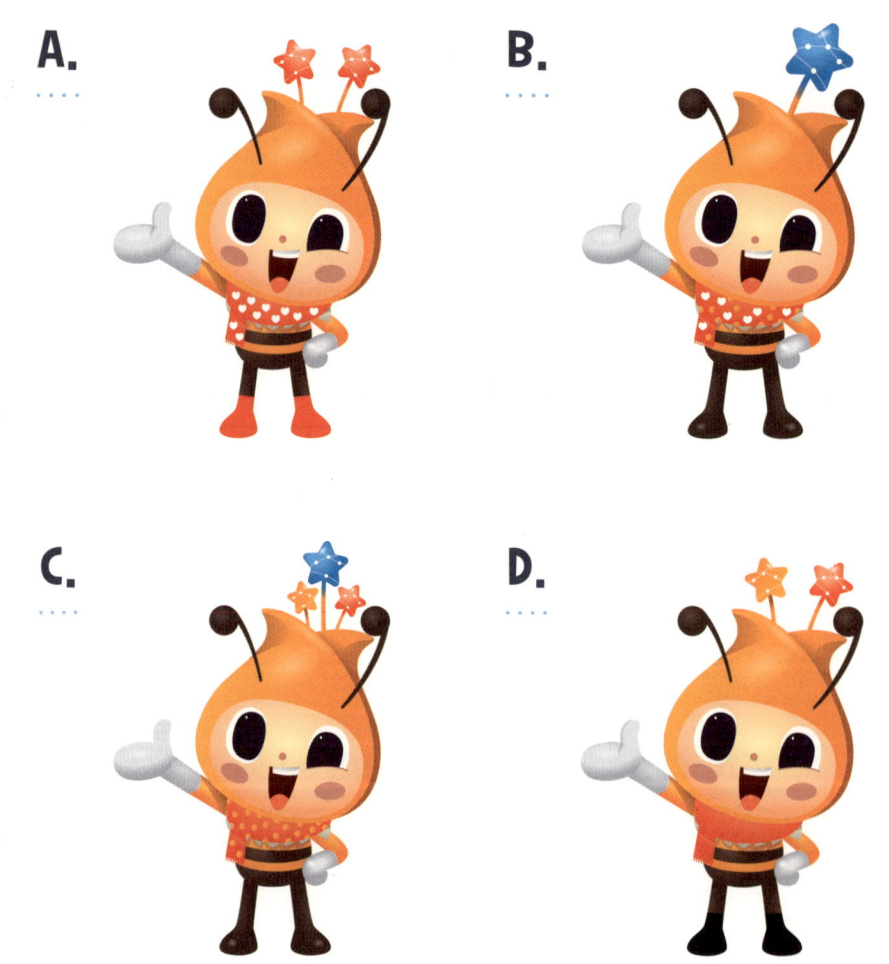

Step 4

최단 경로 찾기

1. 최단 경로 찾는 방법을 알아보아요
2. 그린 스마트카
3. 마무리 학습

Step 4 1. 최단 경로 찾는 방법을 알아보아요

> 진수 삼촌~
> 나도 빨리 어른이 되어 내가 운전해서 여행하고 싶어요.

> ㅋㅋㅋ 그래?
> 직접 운전하지 않아도 되는 자동차가 있어.

> 삼촌? 무슨 말씀이세요?

> 운전하지 않아도 스스로 목적지까지 찾아가는 자동차가 있단다. 그건 바로 '자율주행자동차'야.

> 저도 자율주행자동차 빨리 타고 싶어요~
> 그런데, 자율주행자동차는 어떻게 길을 찾아가요?

> 내비게이션 기능이 자율주행자동차에도 있기 때문이야. 그래서 가장 빠른 길(최단 경로)로 목적지를 갈 수 있지.

> 우리 한번 알아볼까?

 **알리미**

친환경자동차는 전기나 수소 등을 연료를 사용하여 대기 오염 물질인 탄소를 배출하지 않는 자동차를 말해요. 친환경자동차가 자율주행자동차로도 개발되고 있어요.

 ## 최단 경로 찾는 방법을 알아보아요

내비게이션은 목적지까지 가장 빨리 도착할 수 있는 경로를 안내하지요.
이때 필요한 게 최단 경로 알고리즘이에요.

최단 경로는 출발지에서 목적지까지 가는 여러 가지 경로 중에서
가장 짧은 거리로 이동 할 수 있는 경로예요.

꿀재미와 함께 최단 경로 찾는 방법을 알아보아요.

'꿀재미'가 친구 '창의'와 영화를 보기로 했어요.
'꿀재미'가 영화관에 있는 창의를 만나러 가장 빨리 갈 수 있는 경로를 찾아볼까요?

Step 4   1. 최단 경로 찾는 방법을 알아보아요

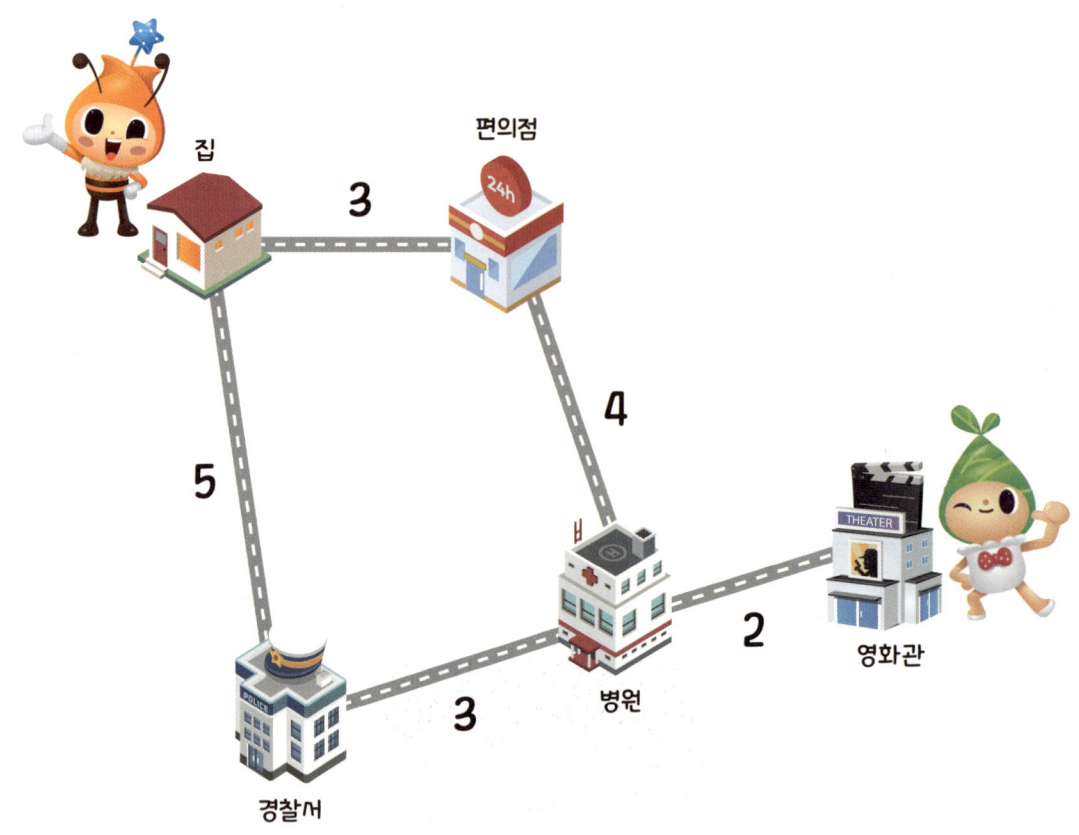

잠깐! 여기서 **숫자**는 **거리**를 의미해요.

0단계
'꿀재미'가 집에 있어요.

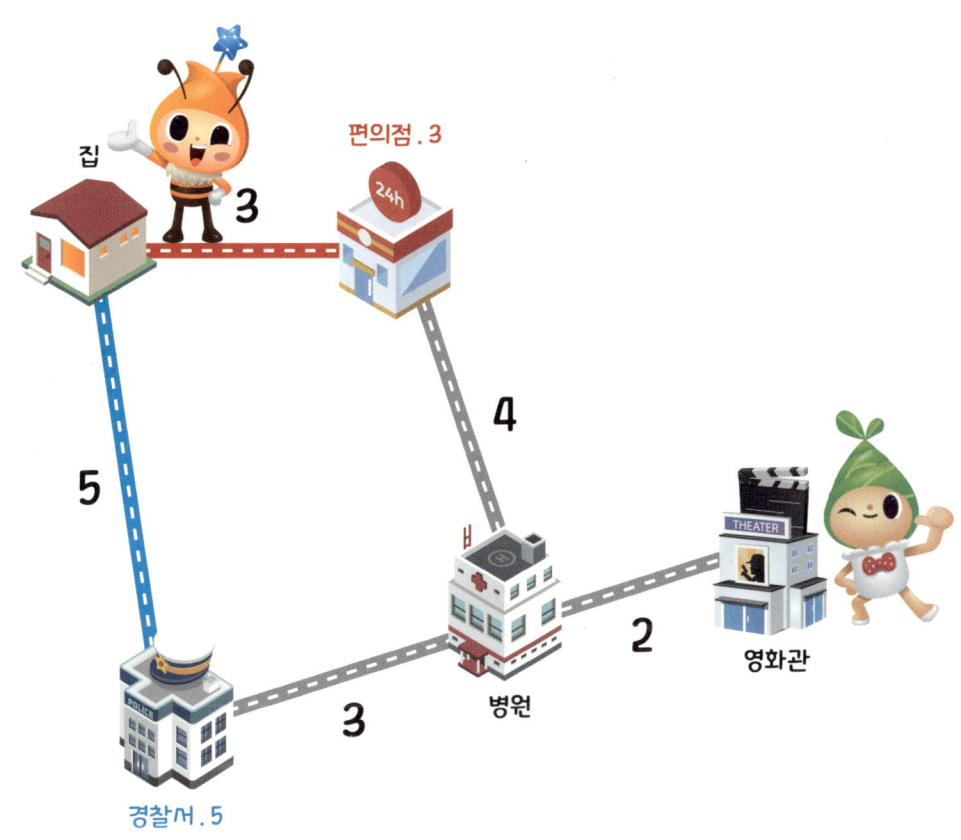

잠깐! 꿀재미가 도착한 지점까지 거리를 지점명 옆에 적어요.

1단계

'꿀재미'가 집에서 출발해 도착할 수 있는 지점은 2개… 편의점과 경찰서예요.

'집'에서 '편의점'까지의 거리 = 3

'집'에서 '경찰서'까지의 거리 = 5

Step 4   1. 최단 경로 찾는 방법을 알아보아요

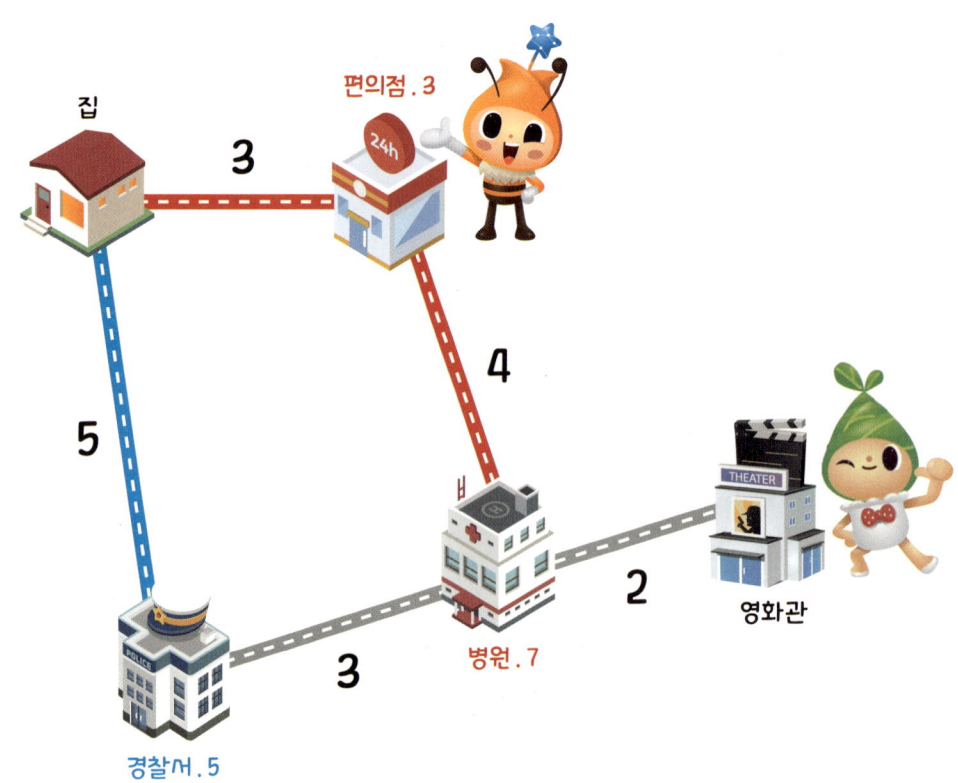

2-1단계

편의점에서 도착할 수 있는 지점은 1개⋯ 병원이에요.

'집 → 편의점 → 병원'까지의 거리는 3 + 4 = 7

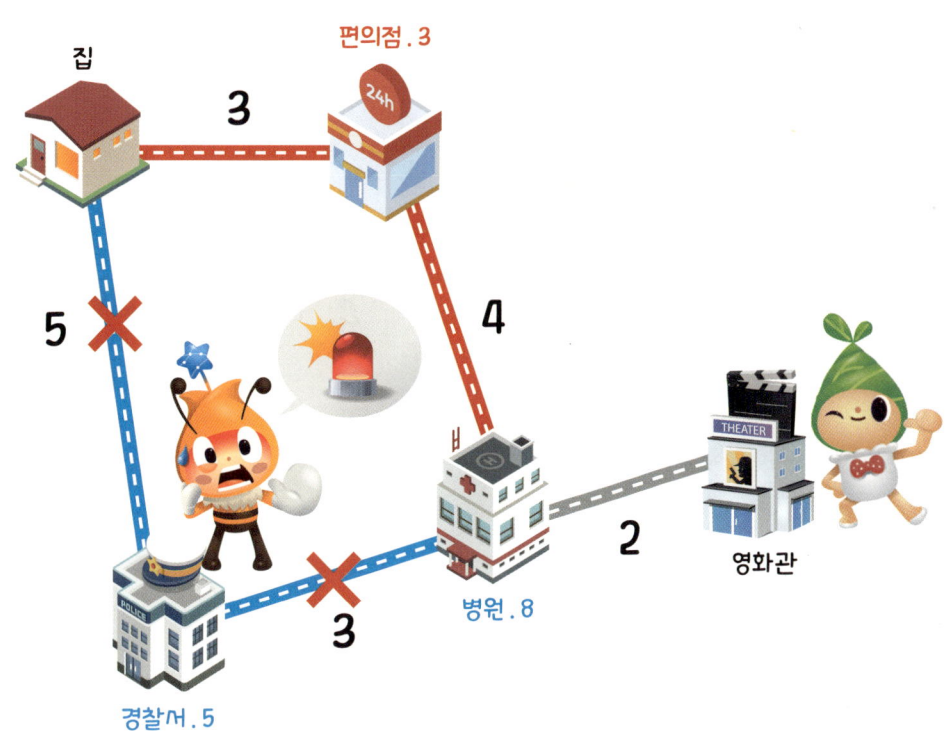

2-2단계

경찰서에서 도착할 수 있는 지점도 1개… 병원이에요.

'집 → 경찰서 → 병원'까지의 거리는 5 + 3 = 8

잠깐! 집~경찰서~병원으로 가면 안 돼요!

병원에 도착하는 더 짧은 경로가 2-1단계에 있었어요.

그래서 꿀재미는 병원까지 가는 가장 짧은 경로를 '집 → 편의점 → 병원'으로 선택했어요.

Step 4   2. 그린 스마트카

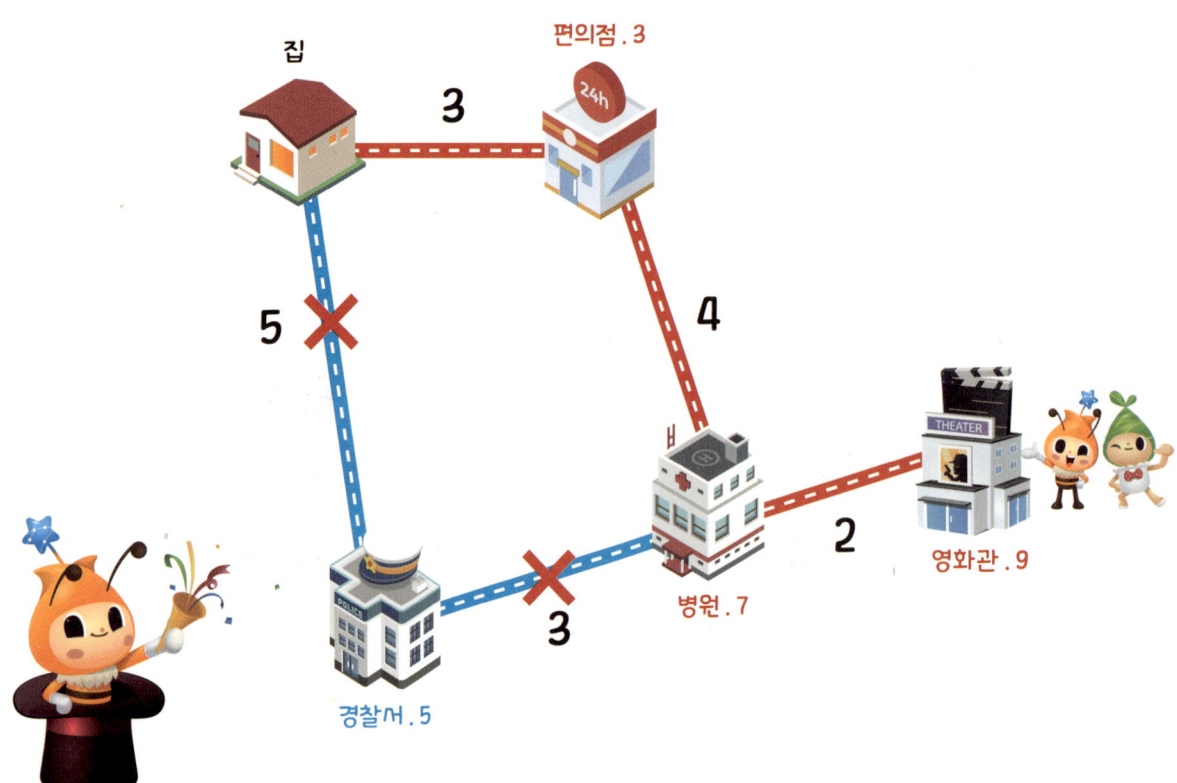

3단계

병원에서 도착할 수 있는 지점은 3개… 영화관, 경찰서, 편의점이에요.
그런데, 편의점은 2단계에서 선택된 경로에 포함되어서 영화관과 경찰서로 가는 경로만 알아보면 돼요.
'병원 → 영화관' 이동거리는 7 + 2 = 9, '병원 → 경찰서'로 가면 이동거리는 7 + 3 = 10이므로

영화관에 도착하는 최단 경로는 '집 → 편의점 → 병원 → 영화관'
이동거리는 3 + 4 + 2 = 9가 돼요.

드디어 목적지 도착!

꿀재미가 영화관에 있는 창의를 만나러 가는 가장 짧은 경로는
집 →³ 편의점 →⁴ 병원 →² 영화관이고, 이동거리는 3 + 4 + 2 = 9예요.

2 그린 스마트카

ON 코딩 놀이

꿀재미가 자율주행 스마트카를 호출해요.
꿀재미가 있는 곳에서 가장 가까운 스마트카가 배정되어 스스로 달려온답니다.

[놀이준비]

거리 블럭 40개, 그린 스마트카 20대, 도착카드 40개

[놀이방법]

부록 4의 카드를 준비해요.

① 모둠원들은 거리블럭을 원하는 대로 연결하여 맵을 완성해요.
  – 거리블럭의 개수는 거리를 나타내요(거리블럭 1개는 거리 1이에요).
  – 지명이 없는 거리블럭에는 원하는 지명, 건물, 명소 등을 직접 적어 사용할 수도 있어요.
    단, 이때 도착카드에도 동일하게 적어야 해요.
② 차고지에는 스마트카 20대가 있어요.
③ 모둠원은 차고지에서 스마트카를 꺼내어 원하는 위치에 한 대씩 놓아요.
  – 스마트카 뒷면에는 창의가 있을 수도 있고 없을 수도 있어요.
  – 창의가 있으면 이미 승객이 탑승하여 이동 중이라는 뜻이에요.
    즉 이동 중이어서 꿀재미에게 갈 수 없는 자동차라는 뜻이지요.
  – 모둠원은 스마트카 뒷면을 뒤집어 보면 안돼요.
④ 사용할 도착카드를 모두 뒤집어서 한쪽에 쌓아 놓아요.
⑤ 순서를 정한 뒤 첫 번째 친구가 모아둔 도착카드 맨위의 한 장을 뒤집어요.

Step 4 2. 그린 스마트카

⑥ 도착카드 위에 표시된 지명과 가장 가까운 스마트카를 찾아요.
　이동거리가 가장 짧은 스마트카를 찾은 사람이 '도전'을 외치고, 스마트카를 도착카드 지명 위로 이동시켜요.
　- 거리를 확인하고 가장 짧은 거리가 맞다면 그 스마트카를 가져가요.
　단, 이동시킨 스마트카 뒤에 창의가 있으면 스마트카를 가져갈 수 없고, 차고지에 창의가 보이도록 내려놓아요.
　- 짧은 거리가 아니라면 다른 사람들이 '도전'을 할 수 있어요.
⑦ 스마트카를 가져간 사람은 차고지에서 다른 스마트카 한 대를 가져와 원하는 위치에 놓아요.
⑧ 스마트카가 배치되면, 다음 친구가 도착카드를 뒤집고, 동일한 방법으로 놀이를 진행해요.
⑨ 정해진 시간 또는 차고지에 창의가 있는 스마트카만 남을 때까지 놀이를 진행해요.
⑩ 스마트카를 많이 모은 사람이 승자가 돼요.

[놀이예시 1]

거리블럭 연결 맵, 자동차 배치하기

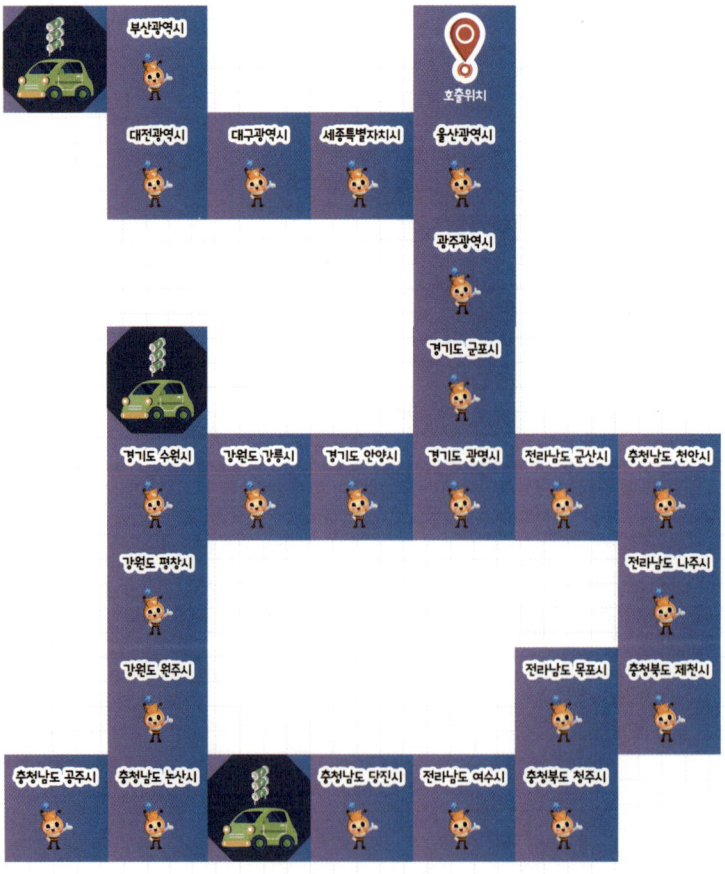

[놀이예시 2]

최단 경로 검색하기

1번 자동차의 호출 위치까지 이동거리 6

2번 자동차의 호출 위치까지 최단 거리 8

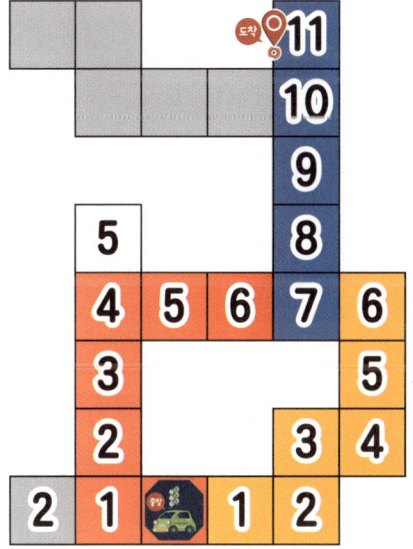

3번 자동차의 호출 위치까지 최단 거리 11(이동경로 2개)

알리미

이 자동차는 나만의 자동차가 아니에요. 자동차가 필요할 때 누구나 호출해 사용하는 자동차서비스를 '차량공유서비스'라고 해요. 스마트폰 앱을 통해 목적지를 입력하여 자율주행차를 호출하면 가장 가까이 있는 자율주행차가 스스로 달려와 가장 짧은 경로로 목적지에 데려다 줘요.

Step 4   2. 그린 스마트카

마무리 학습

꿀재미와 창의가 영화관에서 편의점으로 가려 해요.
가장 빨리 갈 수 있는 경로를 찾아주세요.

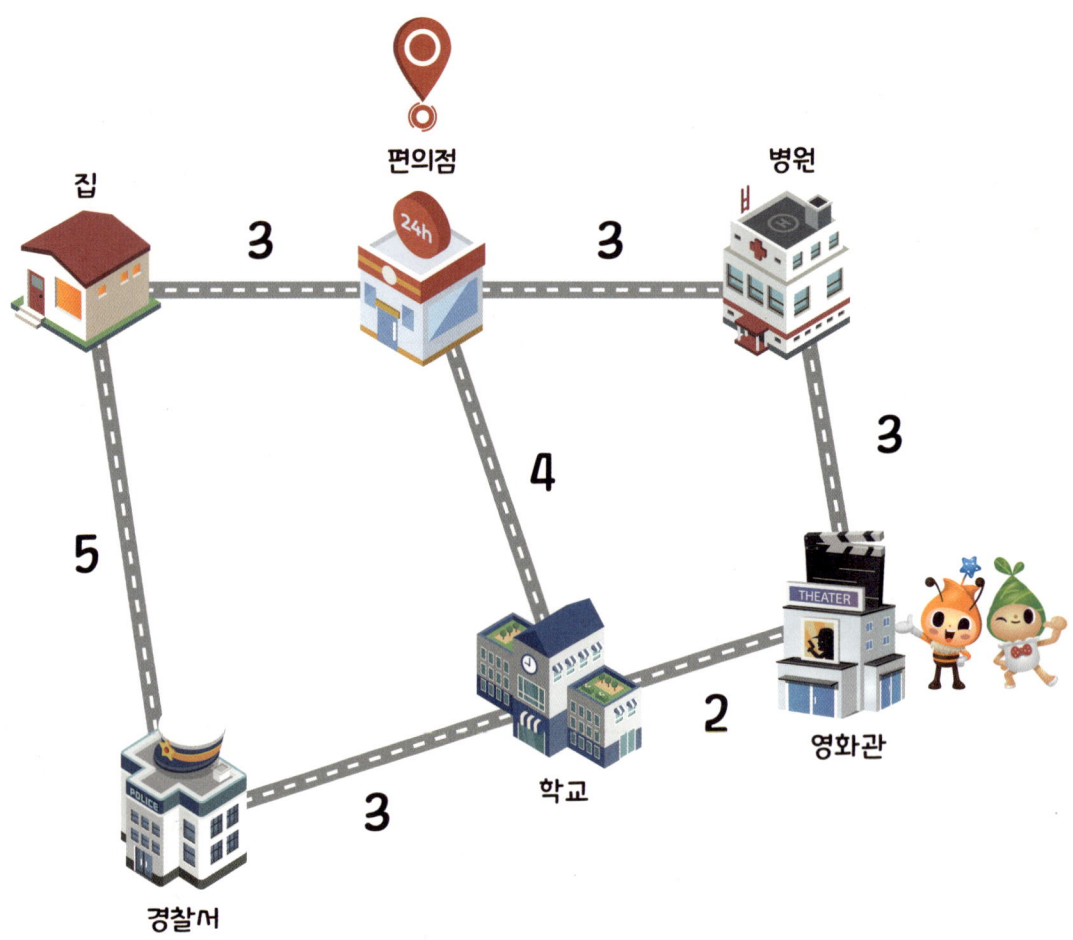

- 최단 거리: _____

- 최단 경로: _____   (예: 영화관 → 학교 → 경찰서)

정답 및 해설
더 알아보기

부록 1
부록 2
부록 3
부록 4

★ 정답 및 해설 ★

1. 멸종 위기 동물 구하기

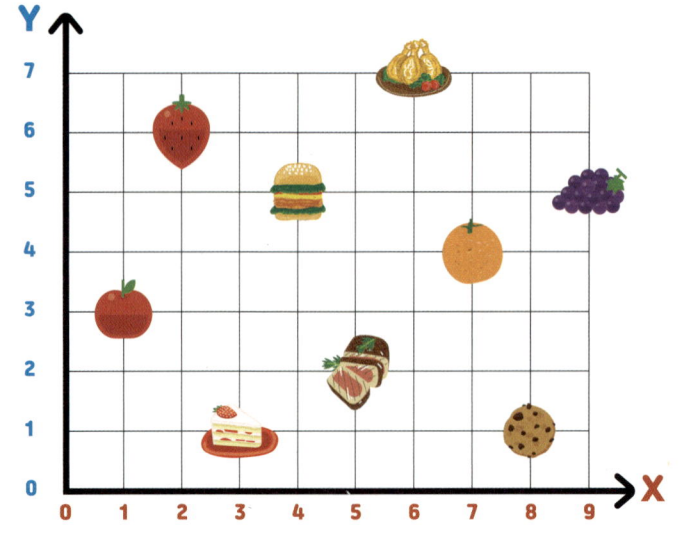

① 사과는 X:1, Y:3

② 딸기는 X:2, Y:6

③ 케이크는 X:3, Y:1

④ 햄버거는 X:4, Y:5

⑤ 치킨은 X:6, Y:7

⑥ (X:5, Y:2) 의 위치에 있는 음식은 무엇인가요? 스테이크

⑦ (X:7, Y:4) 의 위치에 있는 음식은 무엇인가요? 오렌지

⑧ (X:8, Y:1) 의 위치에 있는 음식은 무엇인가요? 쿠키

⑨ (X:9, Y:5) 의 위치에 있는 음식은 무엇인가요? 포도

2. 분리수거 방법 알아보기

1. 큐, 자료 구조, 스택

2.

생활 속 스택	생활 속 큐
· 종이컵 쌓기	· 병원 진료 순서
· 책 쌓기	· 은행 번호표
· 동전 케이스	· 식당 줄 서기
· 이불 쌓기	· 화장실 한 줄 서기
· 접시 쌓기	· 버스 줄 서기

3. 바이러스 관계도 알아보기

세 번째 꿀재미는 정해진 규칙에 맞지 않는 스타일을 하고 있어요.
꿀재미는 별장식을 2개까지만 할 수 있답니다. 답은 C입니다.

4. 최단 경로 찾기

0단계
꿀재미와 창의가 영화관에 있어요.

1단계
꿀재미와 창의가 영화관에서 출발해 도착할 수 있는 지점은 2개, 병원과 학교예요.
'영화관'에서 '병원'까지의 거리 = 3
'영화관'에서 '학교'까지의 거리 = 2

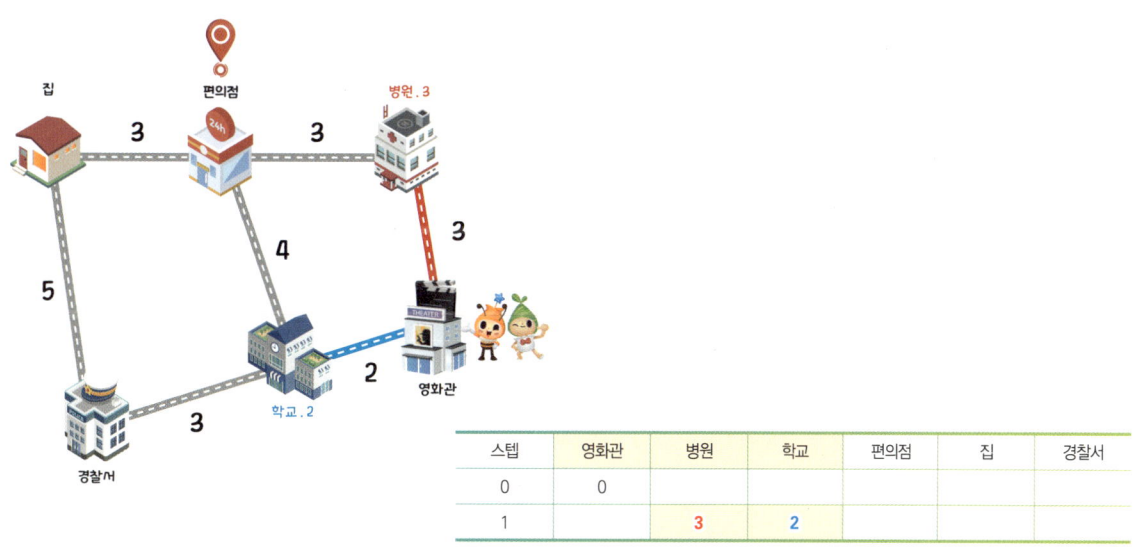

스텝	영화관	병원	학교	편의점	집	경찰서
0	0					
1		3	2			

★ 정답 및 해설 ★

2-1단계

학교에서 도착할 수 있는 지점은 2개, 편의점, 경찰서예요.

'영화관 → 학교 → 편의점'까지의 거리는 2 + 4 = 6

'영화관 → 학교 → 경찰서'까지의 거리는 2 + 3 = 5

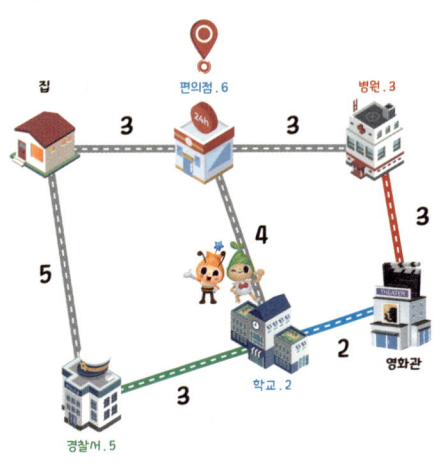

스텝	영화관	병원	학교	편의점	집	경찰서
0	0					
1		3	2			
2 - 1				2+4=6		2+3=5

2-2단계

병원에서 도착할 수 있는 지점은 1개, 편의점이에요.

'영화관 → 병원 → 편의점'까지의 거리는 3 + 3 = 6

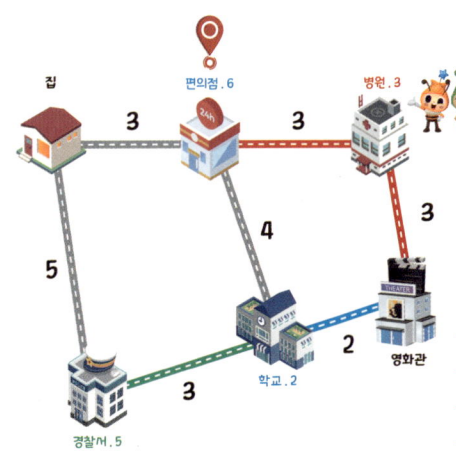

스텝	영화관	병원	학교	편의점	집	경찰서
0	0					
1		3	2			
2 - 1				2+4=6		2+3=5
2 - 2				3+3=6		

3단계

경찰서에서 도착할 수 있는 지점은 1개, 집이에요.

'영화관 → 학교 → 경찰서 → 집'까지의 거리는 2 + 3 + 5 = 10

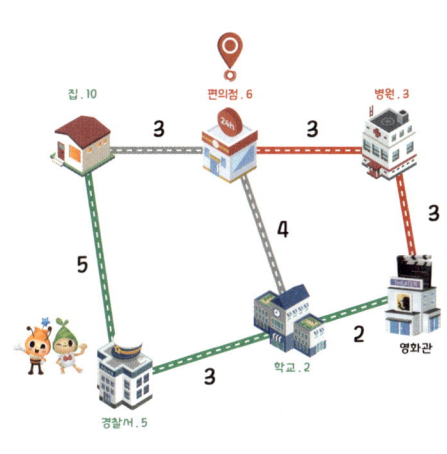

스텝	영화관	병원	학교	편의점	집	경찰서
0	0					
1		3	2			
2 - 1				2+4=6		2+3=5
2 - 2				3+3=6		
3					2+3+5=10	

영화관 → 학교 → 경찰서 → 집 = 2 + 3 + 5 = 10

집을 통과하여 편의점까지 가는 이동거리(10 + 3)는 다른 거리(6)보다 길어요.

따라서 최단 경로는 2가지 영화관 → 학교 → 편의점 = 2 + 4 = 6

영화관 → 병원 → 편의점 = 3 + 3 = 6이고, 최단 이동거리는 6이에요.

1 좌표

천장을 바라보는데, 천장에 파리 한 마리가 붙어 있어요. 이 파리의 위치를 정확히 설명해주기 위해서 친구들은 어떻게 설명할 수 있을까요?

수학자 데카르트는 이 파리의 위치를 설명하기 위해
'좌표'라는 것을 사용했다고 해요.

천장을 사각형으로 나누고 가로축은 X축, 세로축은 Y축이라고 정했을 때,
현재 파리의 위치는 어떻게 될까요?
파리는 천장을 나눈 X는 3의 위치에 Y도 3의 위치에 있는 것을 알 수 있어요.

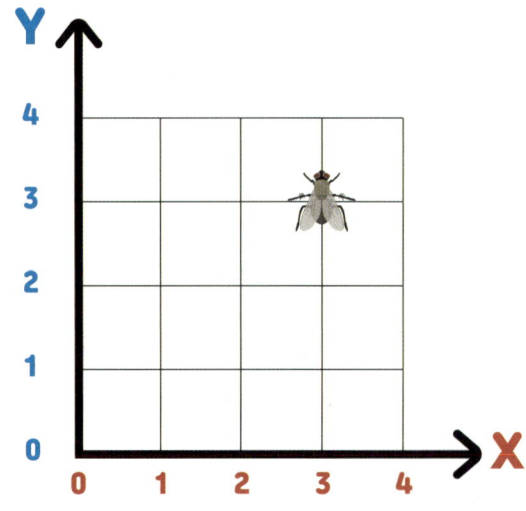

이것을 다시 표현하면 "파리의 위치는 X:3, Y:3의 자리에 있어"라고 표현할 수 있어요.
이러한 방법으로 특정한 위치를 나타내기 위해 사용하는 것을 좌표라고 한답니다.

 트리

트리는 그래프의 한 종류예요. 나무에 잎이 달린 것처럼 트리구조에서는 그 잎을 노드라고 해요. 나뭇가지에 잎사귀가 여러 개 달린 것처럼 트리구조에도 노드가 여러 개 있을 수 있어요.

애벌레가 이쪽 잎에서 저쪽 잎으로 움직인다고 생각해 보세요. 서로 다른 두 잎을 지나갈 수 있는 가지로 이어진 길이 하나뿐인 그래프를 컴퓨터 과학에서는 트리라고 하는 거지요.

또한 트리는 스택과 큐처럼 자료를 저장하고 꺼내는 것보다 자료의 표현에 중점이 맞추어진 구조예요. 트리를 그림으로 표현하면 아래 그림처럼 그려 볼 수 있는데 연결되어 있는 각 동그라미를 노드라고 불러요.

트리는 여러 노드가 한 노드를 가리키지 않고 마치 나무처럼 줄줄이 이어지는 구조를 말해요.

일반적으로 트리는 일반트리와 이진트리로 개념을 나눌 수 있어요. 일반 트리의 경우, 자신의 자식 노드 수에 제한이 없는 반면, 이진트리는 최대 2개까지로 제한하게 되고, 이진트리는 보통 데이터를 정해진 규칙에 따라 저장하고 빠르게 찾는 검색 용도에 많이 사용되는 방법이에요.

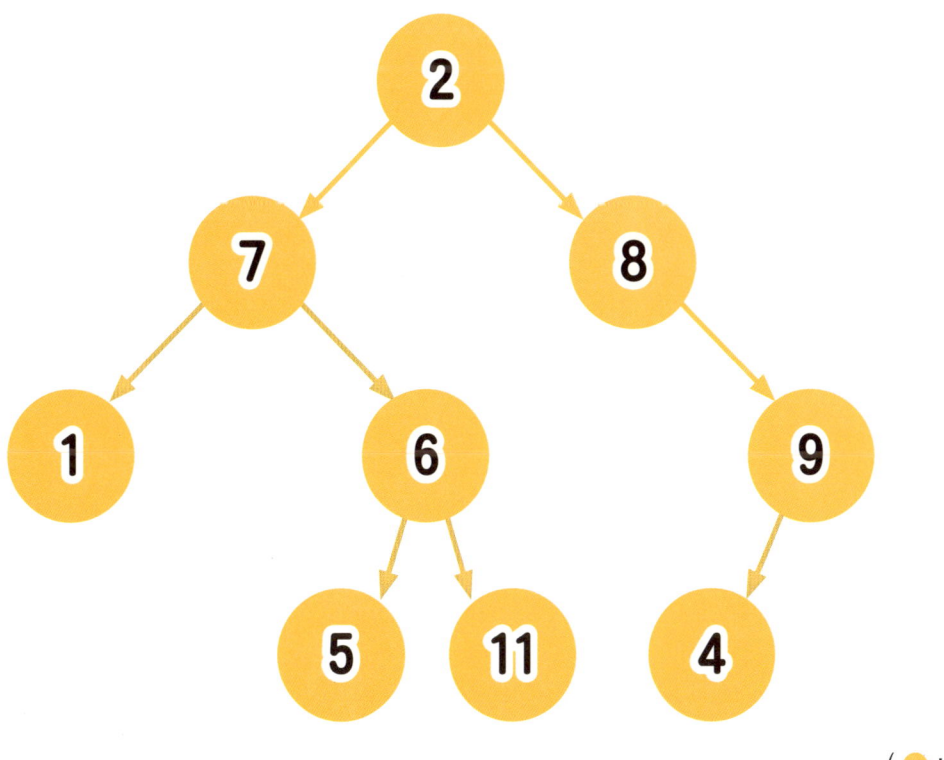

(● : 노드)

부록 더 알아보기 — 더 알아보기

예를 들어 위의 그림에서는 11번 노드로 가기 위해서는
반드시 6번 노드를 거칠 수밖에 없어요.
트리를 다룰 때 사용되는 용어는 다음과 같아요.

- 루트 노드 : 트리에서의 최상위 노드로 어디로든지 갈 수 있는 노드예요(위에선 2).

- 부모 노드 : 자신을 가리키고 있는 노드를 자신의 부모 노드라고 불러요(6의 부모는 7).

- 자식 노드 : 자신이 가리키고 있는 노드들은 모두 자신의 자식 노드예요(7의 자식은 1, 6).

- 리프 노드 : 자식 노드를 갖고 있는 않는 끝에 위치한 노드예요(위에선 1, 5, 11, 4).

- 레벨 : 해당 노드가 루트까지 떨어져 있는 거리를 말해요(맨 위의 2번 노드는 루트이므로, 1, 6번 노드의 레벨은 3).

3 바이러스 트리 놀이방법 2

ON 코딩 놀이

모둠 인원이 적은 경우에는
이런 방법을 사용해요.

[놀이방법]

소수 모둠(4명)

① 전체 인원을 2개의 모둠으로 만들어요.
② 모둠원들은 A4종이 2장을 준비해요.
③ 모둠원들은 종이 한 장에 트리 모양을 그려요.
　트리의 모양은 자유롭게 만들 수 있어요.
　트리의 개수는 자신을 포함해 모둠 카드 수만큼 사용해요.
　빈 카드일 경우, 주제에 해당하는 각각의 바이러스를 넣어요.
④ 모둠원들은 트리로 사용된 카드를
　2명의 인원수만큼 바이러스 카드를 나눠가져요.
⑤ 모둠원들은 각각의 바이러스와
　바로 위에 있는 바이러스를 체크해요.
⑥ 모둠원은 자신의 바이러스와 바로 위에 있는 바이러스를 적어두거나 외워야 합니다.
　예를 들면, 로타 바이러스 위에는 지카 바이러스가 있어요.
⑦ 게임이 시작되면 아이들은 돌아다니면서 상대방 모둠 중 한 모둠원에게
　"누구한테 옮았어?"와 같은 질문을 합니다.
⑧ 그러면 질문을 받은 모둠원은 "게임을 이기면 알려줄게!"라고 말하고,
　묵찌빠, 참참참 등 미니게임 중에 하나를 선택해요.
　미니게임은 친구들이 자유롭게 생각하여 선택하도록 합니다.
⑨ 미니게임을 하여 진 모둠원은 이긴 모둠원에게
　"나는 ○○바이러스인데, ○○한테 옮았어"라고 말하고 헤어져요.
　똑같은 모둠원과 연속해서 미니게임을 할 수는 없어요.
⑩ 게임에서 이긴 모둠원은 얻은 정보를 모둠원들과 A4용지에 적어 정리해요.
⑪ 모둠원들은 각각의 정보를 취합하여 상대 모둠의 모든 바이러스가 있는 관계도를 그려요.
⑫ 상대 모둠의 바이러스 관계도를 더 빨리 정확하게 그린 모둠이 승리해요.

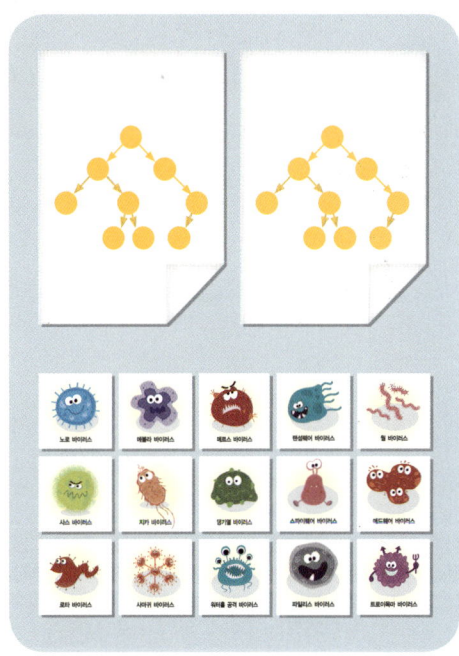

4 최단 경로 찾기

최단 경로를 찾기 위해 매번 지도 위의 길을 따라가며 가장 짧은 길을 찾아내는 것은 번거롭지요.
최단 경로를 표를 이용해 표현하면 좀 더 쉽게 찾아갈 수 있어요.
우리 표를 만들어 조금 더 간단히 찾아봐요!

가로 →

단계	집	편의점	경찰서	병원	영화관
0					
1					
2					
3					

* 표의 '가로'는 지점명, '세로'는 단계번호예요.
* 가로와 세로가 만나는 칸은 이동거리예요.

0단계 : 출발지에 '0', 해당 칸에 색칠해요.
1단계 : 출발지에서 도착할 수 있는 곳에 이동거리 적어 넣어요. 짧은 거리 해당 칸에 색칠해요.
2단계 : 이전 단계 색칠한 위치에서 도착할 수 있는 곳에 이동거리를 합해서 적어 넣어요.
   짧은 거리 해당 칸에 색칠해요.
3단계부터는 목적지에 도착할 때까지 2단계를 반복해요.

단계	집	편의점	경찰서	병원	영화관
0	0				
1		3	5		
2-1				편의점 : 3+4=7	
2-2				경찰서 : 5+3=8	
3		병원 : 3+4+4=11	병원 : 3+4+3+10		병원 : 3+4+2=9

집 - 편의점 - 병원 - 영화관 = 9

어때요? 좀 더 간단해졌나요?

부록 1 - 멸종위기동물카드

부록 1 - 멸종위기동물카드

부록 1 - 멸종위기동물카드

부록 1 - 좌표카드

X: _____	X: _____	X: _____
Y: _____	Y: _____	Y: _____
X: _____	X: _____	X: _____
Y: _____	Y: _____	Y: _____
X: _____	X: _____	X: _____
Y: _____	Y: _____	Y: _____
X: _____	X: _____	X: _____
Y: _____	Y: _____	Y: _____
X: _____	X: _____	X: _____
Y: _____ - 좌표카드	Y: _____	Y: _____

부록 1 - 좌표카드

X: ___	X: ___	X: ___
Y: ___	Y: ___	Y: ___
X: ___	X: ___	X: ___
Y: ___	Y: ___	Y: ___
X: ___	X: ___	X: ___
Y: ___	Y: ___	Y: ___
X: ___	X: ___	X: ___
Y: ___	Y: ___	Y: ___
X: ___	X: ___	X: ___
Y: 좌표카드	Y: ___	Y: ___

부록 1 - 좌표카드

X:	X:	X:
Y:	Y:	Y:

X:	X:	X:
Y:	Y:	Y:

X:	X:	X:
Y:	Y:	Y:

X:	X:	X:
Y:	Y:	Y:

X:	X:	X:
Y:	Y:	Y:

부록 1 - 미션카드

부록 2 – 분리수거 킹 카드

	2	3
4		1
2		4
	1	
3	4	5

부록 2 - 분리수거 킹 카드

1	2	3
	5	
2		4
5	1	2
	3	4

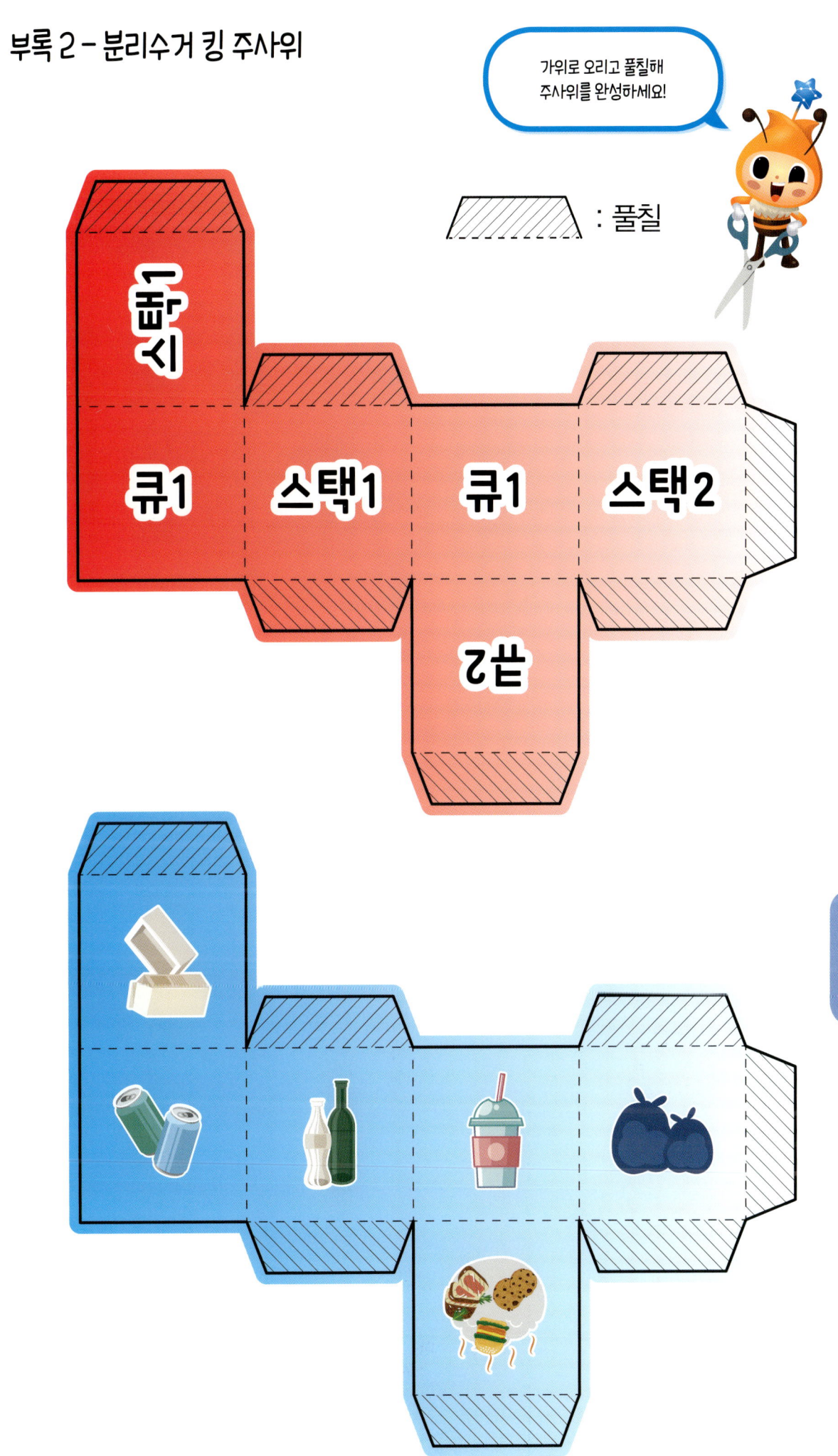

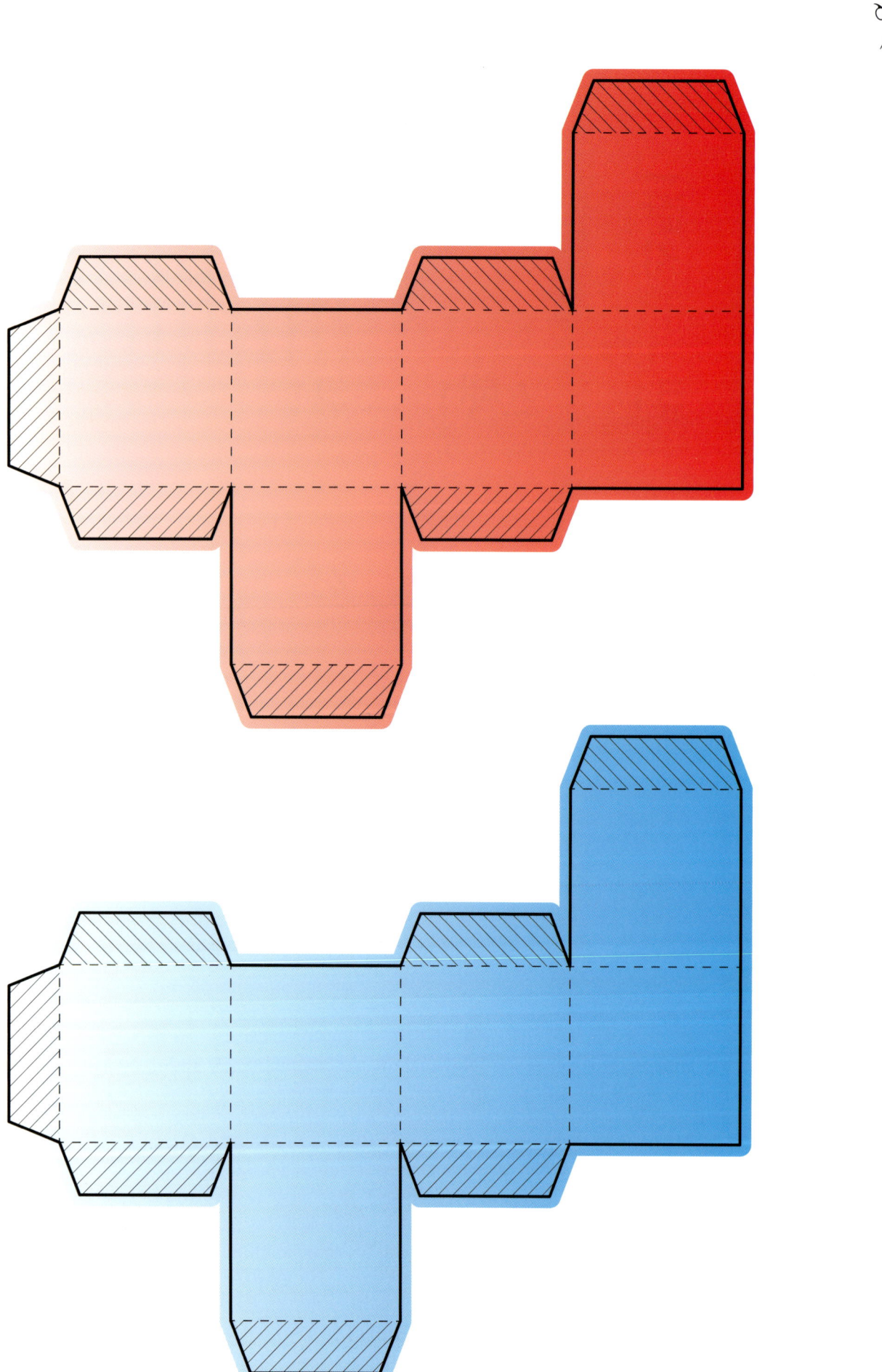

부록 3 - 바이러스 카드

노로 바이러스

에볼라 바이러스

메르스 바이러스

사스 바이러스

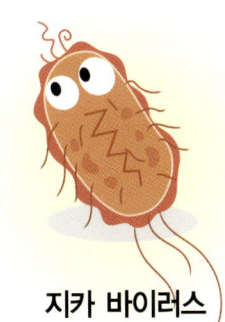

지카 바이러스

댕기열 바이러스

로타 바이러스

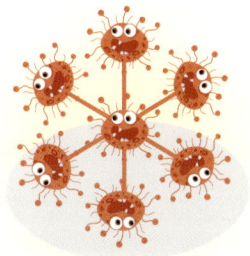

사마귀 바이러스

워터홀 공격 바이러스

랜섬웨어 바이러스

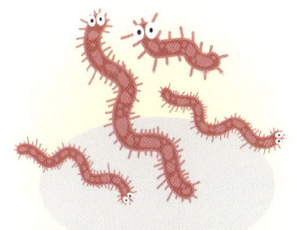

웜 바이러스

트로이목마 바이러스

스파이웨어 바이러스

애드웨어 바이러스

파일리스 바이러스

부록 3 - 바이러스 카드

바이러스   바이러스   바이러스

바이러스   바이러스   바이러스

바이러스   바이러스   바이러스

바이러스   바이러스   바이러스

바이러스   바이러스   바이러스

부록 4 - 거리블럭

부록 4 - 거리블럭

강원도 원주시	강원도 태백시	충청남도 공주시
충청남도 논산시	충청남도 당진시	충청남도 천안시
충청북도 청주시	충청북도 제천시	전라남도 나주시
전라남도 여수시	전라남도 목포시	전라남도 군산시
전라북도 남원시	전라북도 전주시	전라북도 익산시

부록 4 - 거리블럭

부록 4 - 거리블럭

부록 4 - 그린 스마트카

부록 4 – 그린 스마트카

부록 4 - 도착카드

부록 4 - 도착카드

강원도 원주시	강원도 태백시	충청남도 공주시
충청남도 논산시	충청남도 당진시	충청남도 천안시
충청북도 청주시	충청북도 제천시	전라남도 나주시
전라남도 여수시	전라남도 목포시	전라남도 군산시
전라북도 남원시	전라북도 전주시	전라북도 익산시

부록 4 - 도착카드

부록 4 - 도착카드